天才たちの共通項

子育てしない子育て

小林正観
中村多恵子
共著

大和書房

まえがき

日常現象を注意深く見ていると、それぞれの現象には共通項が存在するらしい、ということがわかってきます。

たとえば、太り気味の人には共通項があり、同じ言葉を口にしているのです。

曰《いわ》く、「私、何食べても太っちゃうのよね」

曰く、「私、水飲んだだけでも太っちゃうのよね」

曰く、「寝る前のこのひとくちが私を太らすのよね」

太らない人にも共通項があって、「私、何食べても太らないんですよ」と言いながら食べている。

このように、いろいろな現象に共通性があるらしい、というのが私の人生を楽しくする発見(法則)でした。

そこに、「天才には共通しているものがあるらしい」という事実がとび込んできたのです。それは、「同じタイプの親が存在した」ということでした。

その法則は、教育関係の出版にかかわってきて独立し、「教育研究」の道に踏み込んだ中村多恵子さんが、教えてくれたのです。

「詳しいことを知りたい」とお願いをし、その〝天才たち〟を絞り込みました。

そしてできたのがこの本です。中村さんは細かいところまで、本当によく調べてくれました。

生まれたばかりの象の首にヒモをつけ、それを杭《くい》につないでおくと、いくら引っ張っても抜けません。何十日かたち、杭が抜けないことを悟った象の子は、もう永久にヒモを引っ張ったりしなくなるのだそうです。

巨象になって力が強くなっても、杭は自分には抜けないという幼いときの結論を、生涯持ち続けていきます。ヒモでつないでおかなくても、象は逃げないのだとか。

もうひとつ、ノミの話。

ノミをつかまえてコップに入れ、上を手でふさいだとします。ノミは数十度も跳《と》びはね、手に当たっては下に落ちることを繰り返しますが、あるときにピタリと跳びはねるのをやめてしまう。

そのあとで、コップをふさいでいる手をどけても、ノミは永久に（一度も）跳びはねることなくコップの底でじっとしていて、死んでしまうのです。

象にしてもノミにしても、初期はあらゆる〝自由〟を持っていて、試してみます。

それが、ダメだ、無意味だ、と悟ると、のちに条件が変わって違う結果になることが目に見えているのに、何もしないでじっとしていることになってしまうわけです。

子どもも多分同じ。

初期（幼いころ）に、「ダメだ」「いけない」「ちゃんとしなさい」「もっともっと」「まだまだ」と言い続けられたら……。「力が足りない」「能力が低い」「今のままじゃいけない」と叱られ続けたら……。

二度と跳ばないノミになってしまうでしょう。

幼いときの、親や先生のひとことは、その子の一生を左右するような重要なものなのです。「あなたはあなたでいい」「今のままでいい」と言い続ける親の存在。それが、〝天才たち〟の共通項でした。〝賞賛〟と〝肯定〟によって子どもは伸びるらしい。特に母親の影響はとても大きいようです。

10の実例を、じっくり読んでみてください。

〝天才〟を育てるつもりのない人でも、子育ての本質のようなものがわかるのではないかと思います。

この本で、多くの親と子どもが楽に生きられることを祈りつつ……。

２００３年12月

小林正観

子育てしない子育て ● 目次

正観コラム

※本書は、2004年に出版された
『天才たちの共通項　子育てしない子育て論』（宝来社）を再編集したものです。

1
トーマス・エジソン

「子どもが持っている力」を信じた母親

発明家・起業家
1847年2月11日～1931年10月18日（84歳）

エジソンについて

「世界の発明王」と呼ばれているエジソン。彼が手がけた発明は、光・音・映像・通信・エネルギー・家電製品と広範囲にわたり、取得した特許の数は、なんと２３３２件（米国特許１０９３件、外国特許１２３９件）でした。

白熱電球、蓄音機、動画撮影機が、エジソンの三大発明といわれていますが、アイロン、ミシン、トースター、テープレコーダー、ガムテープなどもエジソンの発明品・改良品です。現在の私たちの生活を見回しても、エジソンの発明・改良のおかげというものがたくさんあります。

エジソンは、ほかの人が発明したものを研究して、さらに「使いやすいもの」や「便利なもの」に改良するという点でも、素晴らしい才能を発揮《はっき》しました。

たとえば、「電話」はグラハム・ベルが発明したものですが、ベルが発明した電話機は、相手の声がたいへん聞き取りにくいものでした。それをよく聞こえるものに改良したのは、エジソンです。

また、「発明は、人々の生活に役立ってこそ」と考えていたエジソンは、発明品が実用化されるところまで面倒を見ています。

たとえば、電球を発明しても、それだけでは終わりません。当時、街にはランプやガス灯しかなかったわけですから、電気を送るシステムがありませんでした。エジソンは、まず「発電機」をつくりました。しかし、高価すぎて一般の人々には買えません。そこで、水力発電で電気をつくり、各家庭に送ることを考えます。水力発電のためのダムをつくるには、強力なセメントが大量に必要でした。エジソンは「強化セメント」を大量につくる方法を考えたり、ダムをつくる人々が寝泊まりする小屋のために「ベニヤ板」を考案したり、「ゴム」を絶縁体として用いることを発見したりします。送電システムの「スイッチ」「ソケット」「ヒューズ」「メーター」もエジソンの発明です。このように電気を家庭に送るために必要なものを、どんどんつくり出し、電力供給システムの事業化までしました。こうして一般の人々が電化製品を使えるようになったのです。

「新聞記者を集めて新製品の発表をする」ことを考えついたのもエジソンでした。資金をかけず広く宣伝する才能もあったわけです。

エジソンは、発明家としても、それ以外の面においても、素晴らしい才能を発揮し、世界の人々の生活を大きく変えた人物でした。

しかし、エジソンの子ども時代を見ると、成績はいつもクラスで「ビリ」で、先生からは見放されていました。そんなエジソンの才能を芽生えさせ、育てたのは、母親のナンシーでした。

エジソンの誕生

エジソンの母親は、牧師の娘であり、信仰心のあつい家庭で育っています。柔和《にゅうわ》でのんびりした性格で、人に嫌な顔を見せない礼儀正しい人でした。18歳で結婚しますが、その前に1年間ほど、父を手伝って小さな学校で教師をしていました。

エジソンの父親は、気性の激しい活動家。「大工」「洋服の仕立屋」「居酒屋の経営」「材木業」など、次々と職業を替えています。

この夫婦には、子どもが7人生まれます。しかし、4番目、5番目、6番目の子どもは、ひどい風邪や小児疾患《しょうにしっかん》におかされ、幼くして次々と亡くなってしまいました。

そのあとに生まれたのがエジソン。7番目の末っ子です。そのとき、母親は37歳、父親は42歳でした。

エジソンが生まれたとき、頭が異常に大きかったので、医者から脳脊髄膜炎《のうせきずいまくえん》におかされているのではないかと心配されていました。しかし、病気がちではあったものの、無事に育ち、やがてたくましい少年に成長していきます。

好奇心旺盛《おうせい》なエジソン少年

エジソンは、いちばん上の姉とは18歳、2番目の兄とは16歳、3番目の姉とは14歳も年が離れていました。そのためか、姉や兄と遊ぶよりは、1人で遊ぶことのほうが多かったようです。

エジソンは、たいへん好奇心の旺盛な子どもでした。

幼いころから、いろいろなものに興味を持ち、まわりの様子を何時間も飽きずに観察していました。そして、「やってみたい」「知りたい」と思ったことを、すぐに行動に移していました。その結果、痛い目や、危険な目に何度も遭《あ》っています。

たとえば……。ハチの巣を調べたくなって、大きなハチの巣に棒を差し込んでぐるぐると回したことがありました。このときエジソンは、巣に戻ってきたハチの大群に襲撃されています。

小麦倉庫の仕組みを知りたくて、もぐり込んだこともありました。このときは、突然大量の小麦が流れてきたため、エジソンはみるみるうちに小麦に埋もれてしまいました。「助けて!」と叫ぶ声に、倉庫係のおじさんが気づいてスイッチを切ってくれたので助かりましたが、あと数秒遅かったら埋もれ死ぬところでした。

また、「鳥が空を飛ぶのはミミズを食べるからだ」と思い込んで、すりつぶしたミミズに水を加えて液体をつくり、近所の女の子に飲ませたこともありました。その子は吐き気をもよおしています。

さらに、火が燃える様子を観察したくて、父親の納屋《なや》の中で火を燃やしたこともありました。ランプの中へワラを突っ込み、燃えるワラを床に置いて次々に木切れや布を入れました。火はあっという間に広がり、納屋は燃えてしまいました。風が強かったら、まわりに燃え移って大火事になるところでした。このときは、父親が激しく怒り、広場でエジソンをムチで打ちました。当時、子どもをムチで打つのは、どこの家庭でも行われていたことでしたが、公衆の面前で打たれたことはエジソンの心に深い傷を残しました。

エジソンは生涯のなかで、父親のことをよく言ったことがありません。

父親もエジソンのことをよく思っておらず、ことあるごとに「息子を全然理解できなかった」とか、「息子が普通の良識に欠けているように思われた」と語っています。どうやら、この火事のときからそういう思いを強めたようです。

これらのエジソンの行動を知った近所の人々は、ますます「エジソンは手に負えない変わった子どもだ」とうわさをするようになりました。エジソンにしてみたら、どれも知りたくて、試してみたくて、やったこと。しかし、それを理解してくれる大人はほとんどいません。そんななか、唯一、母親だけはエジソンの気持ちをわかってくれました。もちろん、危険なことや危害を及ぼすことを認めていたのではありませんが、少なくとも、その行動をとった理由は理して、受け止めてくれました。

エジソンの「なぜなぜ攻撃」

「知りたい」と思ったことをとことん追求するエジソンは、周囲の大人たちをつかまえて、「なぜ?」や「何?」を連発し、納得できる答えが得られるまで質問攻めにしていました。

たとえば、造船所で船がつくられている過程で、エジソンはいろいろなことを不思議に感じます。そして質問。

「なぜ、板と板のつなぎ目を合わせるときは慎重にやるの?」

「これの原料は何?」

「なぜ、ハンマーが板に当たってから音が聞こえてくるまでに時間がかかるの?」

なかには大人にも答えられないような質問もありました。「そんなこと、知らない」と言うと「どうして知らないの?」と問いただします。そんな調子ですから、大人たちはエジソンに気づくと逃げていくほどでした。エジソンの質問のすべてに答えていたら、仕事が進みません。

「勘弁《かんべん》してくれよ、うるさい子どもだなあ」

「そんなこと、知る必要ないだろう」

「そんなことばかり考えているなんて、頭がおかしいんじゃないか」
たいていの大人たちは、エジソンの「なぜなぜ攻撃」をそのように受け止めていました。
しかし、母親だけは違いました。たとえば……。

エジソン「お母さん、ガチョウは、なぜ卵の上に座って動かないでいるの?」
母親「卵を温めているからよ」
エジソン「なぜ、温めるの?」
母親「卵をかえすためなのよ」
エジソン「卵をかえすって、なあに?」
母親「ガチョウのひよこを、殻《から》の中から出してやることよ。温めると、ガチョウのひよこは卵の殻を割って産まれるのよ」

母親は、エジソンの質問や疑問をどれも大切に扱って、最後まで答えてくれました。質問の内容についても、あれこれ言いません。それどころか、「いろいろなものをよく見て、いろいろと考えるから質問してくるのだ」と受け取り、かえって喜んでいました。

子どもには不思議でたまらなく思えることがたくさんあります。「知る価値がある」とか「ない」とか、そういうことが問題ではなく、ただ「知りたい」から聞いているだけ。それなのに、質問の内容を評価されたり否定されたりしたら、がっかりしてしまいます。

そんなことが繰り返されると、次第に「知りたいこと」を追求しなくなるかもしれません。もしかしたら、「なぜだろう？」とか「知りたい！」という気持ちを持たなくなってしまうかもしれません。好奇心の芽が摘《つ》まれてしまうことになります。

エジソンの質問のなかには、母親が即答できないものもありました。そんなときも、母親は逃げたりごまかしたりしません。「なぜだろうね」と一緒になって考えてくれたり、エジソンが成長したあとでは百科事典で調べる方法を教えてくれたりしました。

先ほどの、母親とエジソンとの「ガチョウの卵」のやり取りには続きがあります。

エジソンは、「温めると産まれてくるのか。わかったぞ！」とニンマリして、外に出ていきました。そのあと、夕方になっても帰ってきません。エジソンの姿が見あたらないことに気づいた家族は、心配してあちこちを捜し回りました。エジソンは隣の家の納屋で、ワラを集めて巣をつくり、そこにガチョウやニワトリの卵をいっぱい入れてうずくまっていました。卵の上

に座って、卵をかえそうとしていたのです。

「人間がガチョウの卵をかえせるわけがないだろう」

と、みんなは笑いましたが、母親はエジソンの肩を抱いて、こう言ってくれました。

「自分で確かめてみたかったのね。試してみないことには何も学べないものね。自分で確かめてみて、ダメだってわかったのだから、あなたの考え方は素晴らしかったのよ」

母親は、いつもエジソンの気持ちをわかってくれました。ほかの人たちのように、馬鹿にしたり笑ったりしません。エジソンは、そんな母親が大好きでした。

小学校では落ちこぼれ

エジソンは8歳半で小学校に入学しています。通った学校は、生徒が20人足らずで、教室がひとつ。教会のエングル牧師夫妻が教えていました。

そこでは、革のムチが使われ、課題を生徒の頭にたたき込む教育が行われていました。

その教育方法は、エジソンには合わないものでした。教科書に書いてあることを読んだり、覚え込んだりするだけの勉強を、エジソンは楽しいと思えなかったのです。あらゆることを無《む》理強《りじ》いするエングル夫妻の教育方針は、エジソンにとってたまらなく嫌なものでした。先生に言われた課題ではやる気がしないので、成績はいつも「ビリ」。そして、授業中も「なぜなぜ」ぶりを発揮します。たとえば……。

算数の時間に「1たす1は、2」と教えられると、エジソンは不思議に思います。

「1たす1は、どうして2なの？　1杯の水と、1杯の水を合わせたら、やっぱり1杯の水になるのに。ひとつの粘土と、ひとつの粘土を合わせると、やっぱりひとつの粘土になるのに。1枚のお皿が50個に割れてしまったとき、その1個1個を50個分合わせると1枚になるのに。どうして、1たす1は、2なの？」……こんな具合です。

授業内容とは関係のない質問もします。たとえば、アルファベットの勉強をしているときに、

「先生、風はなぜ吹くのですか？」

「雨はなぜ降るのですか？」

「虹の中はどうなっているのですか？」

と質問したり、算数の授業中に汽船の絵を描いて、

「どうして汽船は進むのですか？」

と質問したりするという具合です。

エジソンとしては、授業の邪魔をしようと思っているわけではなく、不思議で知りたくて質問をしているのですが、先生のほうは授業が進まず困ってしまいます。そして、エジソンをム

チで打ち、子どもたちの前で厳しく叱っていました。

そんなある日、エングル先生が職員室で、学校を訪れた視学官に、「エジソンの頭は腐っていて、これ以上学校にとどめておくのは無駄である」と話しているのを聞いてしまいます。

それまで、どれだけ先生に怒鳴られてもムチで打たれても、耐えていたエジソンでしたが、この言葉を聞いてすっかり学校に嫌気がさしてしまい、泣きながら家に帰りました。そして、母親にすべてを話しました。

嬉しかった母の信頼と言動

そのとき、母親がどんな行動をとったか。

彼女はエジソンを連れて学校へ乗り込み、息子のことを「頭が腐っている」と言った教師に、激しく抗議しました。

エングル先生は、「エジソンには困り果てている。自分が教えていることを聞いているのかいないのか。ほかの子どもと違いすぎていて、最低だ。そして、馬鹿げた質問ばかりをしてくる。気に入らないと絵ばかり描いている。こんな子に構っていたら、授業がめちゃくちゃだ」

と言いました。

母親はエジソンの前で、きっぱりとこう言いました。

「子どもが、『なぜ』『どうして』と質問することは当たり前のことでしょう。先生の言っておられることの意味が理解できません」

エングル先生は、「親までそんなことを言うようであれば、もうお手上げだ！　とても教えられない」と言い放ちます。

母親は、エジソンのことを「最低」とか「馬鹿げている」などとは思っていませんでした。学校が息子を受け入れてくれないことがわかると、自分で教えようと決心します。そして、エングル先生に、「この子は素晴らしい力を持っていると私は信じている」と言って帰りました。

これは、エジソンが小学校に入学して3カ月後のことです。エジソンは、それ以降、学校教育を受けていません。発明王エジソンが学校に通ったのは、わずか3カ月でした。

母の教育法①　〜まずは、いろいろな分野に出会わせた〜

小学校を退学したエジソンは、母親から初等教育を受けます。生徒1人、先生1人の授業です。晴れた日には、庭の木陰《こかげ》に机といすを運び出して、さわやかな風を受けながら勉強しまし

た。母親との勉強は楽しいものでした。

母親は、「教え込み」ではなく、息子の興味や感性を大切にしました。「なぜ?」が湧き起こってきたら、一緒に考え追求します。

また、さまざまな分野の本も与えました。シェイクスピアなどの優れた文学作品や、『ローマ帝国衰亡《すいぼう》史』『英国史』などの歴史物語を、読んで聞かせたのです。これは、8歳の子どもにはなかなかレベルの高い内容。しかし、エジソンは退屈するどころか、すっかり魅《み》せられるようになります。そして、9歳になったときには自分から進んでそういう書物を読むようになりました。

母親の手ほどきによって目覚めたエジソンの読書熱は、生涯を通して冷めることがありませんでした。エジソンは、幅広い分野の本を片っ端から読んでいくようになります。エジソンの読書の仕方は、すさまじいものでした。

少し先の話になりますが、エジソンは12歳になると、汽車の中で新聞を売る仕事を始めます。彼はその空き時間を利用して毎日図書館に通っていました。エジソンの本の選び方はユニークです。彼は「好きな本」を選んで読むのではなく、棚の端から順に1冊ずつ、「すべての本」を読むのです。彼はそのときのことを「図書館まるごと読んだ」と語っています。

大人になってからも、エジソンは、多忙な実験生活の合間に毎日3冊は古今東西《ここんとうざい》の本を読破するという読書家でした。毎日5社以上の新聞に目を通し、研究誌、研究論文にも、くまなく目を通していました。

彼はたいへん博学でしたが、それは、学校教育から得た知識ではなく、あらゆる分野の本、研究誌、新聞をむさぼるように読むことによって得られたものでした。そして、そのように入手した情報・知識は、エジソンの発明にとても役立ちました。

ちなみに、エジソンは、日本の歴史や文化に関するものから、新渡戸稲造《にとべいなぞう》の『武士道』まで、日本に関する本もたくさん読んでいます。

エジソンが本に夢中になった理由は、いろいろと考えられますが、母親の「本の与え方」も大きな要因であったように思えます。

母親は、本の内容が理解できているかをテストするとか、試験に合格するために読ませるとか、感想文を書かせるとか……そういう与え方をしませんでした。もし、読んだ本の感想をいろいろ求められたり、内容に関するテストをされたりしていたら、エジソンは古典も歴史も楽しく読めなかったのではないか……そんな気がします。母親は、さまざまな分野の本を与えましたが、それは強制や押しつけではなく、エジソンの興味を優先してくれました。

母の教育法②〜子どもの興味の方向を応援する〜

やがて母親は、息子の興味がどこに向いているのかに気づき、『自然科学の学校』という初等物理の本を与えます。高校生向けの本です。

その本には、「どうして、音が聞こえるのか?」「雷が落ちるのは、なぜか?」「てこが重い物を持ち上げるのは、なぜか?」など、たくさんの「なぜ?」「どうして?」の答えが図解入りで説明してありました。エジソンには面白くてたまりません。また、簡単な実験のやり方も図解入りで載っていました。

エジソンは、それらの実験を次々と自分でやってみました。このとき彼は9歳。8歳のときに、先生から「頭が腐っている」と言われ、クラスでいつも「ビリ」だったエジソンが、9歳で、初等物理の本をむさぼるように読み、猛烈な好奇心を燃やしています。そして、読んで得た知識を一つひとつ自分で確かめていきました。これは、学校で強いられていた「書いてあることを覚えるだけの勉強」とは違い、とても楽しい学習でした。

母親は、続いて『科学辞典』を息子に与えています。

エジソンは、10歳になると、化学薬品を買い集めて実験をするようになります。薬品は小遣いで買いました。やがて自分でも働いて実験道具を買い集めるようになります。地下の一部が、少年エジソンの実験室でした。

初めのころにやった「実験」には、危険なものもありました。

気球の中に軽いガスを入れると空中に浮かび上がるということを読んだエジソンは、友だちに「体の中でガスが発生すれば、空に浮かび上がるかもしれない」と言い聞かせて、沸騰酸《ふっとうさん》を飲ませています。多量の沸騰酸を飲まされた友人は、胃をひどく痛めてしまいました。

このとき父親は、「実験室を片付けて、薬品をすべて捨ててしまえ！」と怒りました。しかし、母親がとりなしてくれ、なんとか実験室は取り壊されなくてすんだのです。彼女は、その代わりに、今後友人を実験に使わないことをエジソンに固く約束させています。

地下のエジソンの実験室からは、ときどき大きな爆発音が聞こえました。父親は「今にわしらは吹き飛ばされてしまうぞ」と心配しましたが、母親は「好きなようにさせておきましょうよ。人に言われなくても、あの子は自分のしていることをわかっているわ」と理解を示してくれていました。

また、母親は、エジソンが実験に夢中になっている間、「もうやめなさい」とか「実験ばかりしていないで、ほかの勉強もしなさい」とは言いませんでした。邪魔をしないのです。危険なことに対する注意や約束はしましたが、そのほかはエジソンに任せて、やりたいように自由に実験をさせていました。それが発明王エジソンの母親のやり方でした。

ちなみに、エジソンの母親は、叱る必要があると判断したときは叱る人でした。ただし、理由をはっきりさせたうえで、短時間で切り上げるようにしていたとのこと。そして、叱ったあとは必ずエジソンを抱きしめて励まし、エジソンと2人で話し合う時間を持つようにしていました。

「欠点」ではなく「個性」

エジソンは耳が不自由でした。子どものころ、ひどい熱病を患《わずら》ったことと、ある事故が原因で聴力障害を抱えていましたが、成人になったころには、音がほとんど聞こえなくなっています。そして、学校教育をほとんど受けていません。

これらのことは、発明家としてやっていくうえでの「弱点」や「不幸なこと」ととらえる人が多いでしょう。しかし、エジソンのとらえ方は違いました。

耳が不自由であるからこそ、「電話機」をよく聞こえるものに改良できたし、音や声をしまっておく「蓄音機」の発明ができた。「研究」や「読書」にも集中できたと語っています。

また、学校教育を受けていないからこそ、「物理や数学を正式に学んだ人」ならば「常識」で判断して試さないようなことでも、一つひとつ試すことができたと語っています。

もちろん、うまくいかないことのほうが、はるかに多かったのですが、あらゆることを試し続けた結果、何千回に1回、何万回に1回、誰も考えつかなかったような発明や発見をすることができました。

ちなみにエジソンは、1万回うまくいかないことが続いても、それを「失敗」とはとらえず、「うまくいかない方法を、1万通りも見つけた！」と、とらえています。

エジソンが、自分のどんな面も「個性」や「特徴」として生かすことができたのは、息子のどんな面も「欠点」や「弱点」としてとらえず、「その子らしさ」として受け止め続けてくれた母親の存在があったからでしょう。

母が与えてくれたもの

「母ほど自分を認め、信じてくれた存在はいない。それなくしては、決して発明家としてやっていけなかった気がする」

「母があういう人でなかったら、私は、ぐれていたかもしれない。母が優しく慈愛《じあい》に満ちており、その一方で毅然《きぜん》とした女性であったおかげで、私はこの道を歩んでこられた」

これは、エジソンの言葉です。彼は、生涯のなかで母親に対する感謝を繰り返し語っていました。

84歳まで生きたエジソンが、家で学んだり実験したりしていたのは、12歳までです。その間も、エジソンは1人で本を読んだり実験をしたりする時間が長かったので、「母親と一緒に過ごした時間」というのは決して長くはありません。しかし、その「母親」の存在のおかげで発明家としての道を歩むことができたというのです。

エジソンの母親は、結婚する前に教師をしていましたが、牧師の父を手伝って1年ほど教えていた程度。ですから、「経験豊かな教師」というわけではありませんでした。科学や物理に対する特別な知識を持っていたわけでもありません。エジソンは、単語のつづりを覚えませんでしたし、文法はでたらめでした。この少年に勉強を教え込むのは、エングル教師でなくても容易なことではなかったようです。

では、母親がしてくれたことはどんなことだったのでしょう。

それは、誰が何と言おうと、どんなときでも、息子が持っている力を信じて、エジソンにそれを伝え続けたこと。そして、息子が興味を持った分野を認め、十分にやらせてあげたこと。

エジソンは、学校の先生、近所の大人たち、学校の友だちにまで「馬鹿ではないか、頭がおかしいのではないか」と思われていました。父親からも「低能だ」と思われており、もう少しで、自分でもそう思い込むところだったと語っています。そんな環境のなかでも、自分のことを「低能だ」と思わずにすんだのは、どんなときも息子の行動を理解し、持っている力を信じ、温かく励まし続けてくれた母親のおかげでした。

エジソンの母親の様子を見る限り、エジソンの中に〝発明家としてやっていける才能〟を見出していたから「あなたには素晴らしい力がある」と言っていたのではありません。また、ほかの子どもと比較した結果として「優れている」と言っていたのでもありません。

そういうことではなくて、「どの子も、もともと素晴らしい力を持っている」というのが、彼女が子どもを見るときの大前提でした。

「ほかより優れているから素晴らしい」というように比較の結果として認められたり、「これができたら、あなたはすごい」という条件つきでのみ認めてもらっている子どもは、誰かに追い抜かされたり、うまくできなかったときに、「ああ、自分はダメなんだ。力がないんだ」と思ってしまいます。

うまくいかないことなどは、人生のなかで何度でもあります。そのたびに「自分はダメなんだ」と思っていたら、本当にダメになってしまいます。

そうではなくて、「できてもできなくても、人に勝っても負けても、そんなことに関係なくあなたはもともと素晴らしい存在。素晴らしい力を持っている」というメッセージが伝わって

いると、たとえうまくいかないことがあっても、子どもは自分の力を信じて何度でも挑戦できます。もう一度挑戦してもいいし、ほかのことを始めてもいい。自分に自信を持っていると、自分の人生を簡単にあきらめたり投げ出したりしない人間に育っていきます。

たった1人でもいい。自分のことを信じてくれる人がいてくれることは、子どもにとって大きな支えになります。

もし、エジソンの母親が、ほかの大人たちと同じようにエジソンの質問を迷惑がったり、「実験ばかりやっていないで、ほかの勉強もしなさい」と言っていたりしたら、おそらく、エジソンは、持っている力をあれほどまで発揮できなかったでしょう。発明王になるどころか、自分を無力だと思い込んで、何もできずに人生を終えていたかもしれません。

①子どもが素晴らしい力を持っていることを心から信じる。
②そして、それを言葉や態度で子どもに伝え続ける。
③子どもの興味を尊重して、夢中になっていることを十分やらせてあげる。

これが、エジソンの母親がやったことでした。これらのことが〝子どもが持っている力を引き出す魔法〟だとしたら、試してみてもいいかもしれません。

正観コラム

「きくあ」の思想

いつのころからか、「教育」とは競うことであり比べることであり争うことである、その比べ合いのなかから抜きん出させることが教育である、との考え方が定着してしまったように思います。

人の体は、部品の一つひとつがすべて、ほかの部品のために存在します。ひとつとして自分のために存在するものはありません。

人間も、「1人」だと「ヒト」。「人の間」に存在するから「人間」。世の中に喜ばれる存在であること、「人の間」に生きていることが存在理由なのであって、ほかの人と比べて抜きん出ることが存在理由ではないでしょう。

「競わない」「比べない」「争わない」の頭文字をとって、「きくあの思想」と名付けました。

子どもも大人もみんな一人ひとりが違っていて当たり前。違っていないほうがおかしいのです。

身長2メートルの人と体重100キロの人とどちらが大きいですか？

答えは「比べられない」。
では、A君とB君はどちらが優れていますか？
答えは「比べられない」。
みんな一人ひとり、違うのです。子どもも比べないこと。
「比較」をやめると、親も子も、とても楽に生きられるようです。

2
手塚治虫
子どもの気持ちを大切にした母親

漫画家としての自分の原点を
つくってくれたのは、母親でした

漫画家
1928年11月3日～1989年2月9日（60歳）

手塚治虫《てづかおさむ》について

手塚治虫は、『鉄腕アトム』『ブラック・ジャック』『火の鳥』をはじめ、数々の名作を生み出し、日本に巨大な漫画文化を築いた漫画家です。

手塚治虫の日本の漫画界への大きな貢献は、ドラマ性のある「ストーリー漫画」を発展させたことと、「アニメーション」の世界を開拓したこと。

今でこそ、「ストーリー漫画」はたくさん描かれていますが、戦前は、「漫画」といえば、4、5ページの「お笑い漫画」が主流でした。「薄っぺらなおもちゃ本。面白ければいい」という位置づけでした。

そんな漫画に、治虫は「子どもたちへのメッセージ」を託しました。それは、地球上の生きとし生けるものすべての命を大切にしようというメッセージ。

そして、子どもたちにメッセージを伝えるためには、「夢をかきたてる面白いものであること」が効果的だと考え、まるで映画を見ているようなコマの構成、スピード感、面白いストーリー展開の漫画を描きました。人々は、そういう漫画に初めて触れて、惹《ひ》きつけられました。手塚漫画は次々にヒットします。

治虫は、「アニメーション」の分野でも漫画界をリードしました。

彼は敗戦の春に、漫画映画（アニメーション）を見てたいへん感激し、「一生に1本でもいい。どんなに苦労したって、自分のアニメーションをつくって、この感激を子どもたちに伝える！」と決意しています。当時、夢も希望も消えていた治虫の心を、アニメーションが温かい光で照らしてくれたからでした。

『鉄腕アトム』は、日本最初のテレビアニメです。１９６３（昭和38）年1月1日に放映が始まり、４年間放映されました。第1回目の視聴率は27・４パーセント、最高視聴率は、なんと40・３パーセント。アトムは、子どもたちの圧倒的な支持を受け、大ヒットします。

『鉄腕アトム』の成功は、即、ほかのテレビアニメの出現につながりました。『鉄人28号』『オバケのQ太郎』など、次々とアニメがつくられ、「テレビアニメ時代」が到来します。

アトムは世界にも飛び立っています。アメリカで『アストロボーイ』と改名されて放映され、その後、イギリス、フランス、西ドイツ、オーストラリア、台湾、香港、タイ、フィリピンなど40カ国以上で放映されました。ちなみに、アメリカでは、当時ニューヨークの6時半～7時の時間帯で最高視聴率を記録しています。

治虫は、漫画家としてデビューした17歳から、60歳で亡くなるまでの間、生涯を通して第一線で創作活動を続けています。世に送り出した作品数は、漫画７００作品余り、アニメーション60作品余り、漫画の原稿総枚数は15万枚以上にのぼりました。

「世の中にただ一つ　憩《いこ》いの場所があるとすれば、それはお母さんのひざの上である」

これは、『鉄腕アトム』の中で語られている言葉ですが、治虫の思いと重なる部分があるように思えます。治虫は、母親の優しさに包まれて育ちました。

彼は、漫画家としての自分の原点をつくってくれたのは、母親だったと語ります。

手塚治虫の両親

手塚治虫（本名は手塚治）の父親粲《ゆたか》は、財閥系の会社に勤めるサラリーマンでした。父方の祖父は、裁判官であり、関西大学の創立者の1人でもあります。治虫は祖父と一緒に住んでいたわけではありませんが、優しい祖父が大好きでした。

手塚治虫の母親文子《ふみこ》は、陸軍中将の令嬢。治虫は、母親のことを「軍人の娘で、スパルタ教育を受けて育った旧式な母親」と説明しています。確かに厳しいしつけを受けて育ちましたが、文子の母親は話し好きの明るい人でしたから、父親が家にいないときは、母親の話し声や笑い声が屋敷中に響いていました。文子は、いつも笑顔がこぼれ落ちるようなはつらつとした娘で、ピアノを弾いたり、歌を歌ったりすることが大好きでした。女学校を卒業し、間もなく手塚粲と見合いをして結婚します。

治虫の誕生と、育った環境

治虫は、大阪府豊中市で生まれました。そのとき父親は28歳、母親は20歳。2年後に弟、4年後に妹が生まれます。治虫は3人きょうだいの長男でした。

治虫が5歳のときに、一家は兵庫県宝塚市に引っ越します。引っ越し先は、家のまわりに宝塚歌劇の関係者がたくさん住んでいる、いわゆる高級住宅地。祖父たちが住んでいた家に移り住んだわけですが、かなりの豪邸で、広い庭には森かと思われるほど木が茂っており、ブランコがありました。

母親が宝塚歌劇の大ファンだったこともあり、治虫は幼いころから母親に連れられて、しばしば宝塚歌劇を観にいっていました。そして、舞台に魅了されます。そこで観た舞台は、のちの治虫の作品に影響を与えることになります。

また、ピアノを弾くことが大好きだった母親は、子どもたちにも教えていました。母からピアノの手ほどきを受けた治虫は、大人になってからも、クラシックからアトムの曲まで、楽譜をほとんど見ずに弾くことができました。

父親は、映画好きでした。手塚家では、お正月に家族そろって「漫画映画」を観にいくことが恒例行事。治虫たちはこの〝恒例行事〟を毎年楽しみにしていました。

家には父親が買った家庭用映写機があったため、治虫たちは、『チャップリン』や『ディズニー』の映像を繰り返し観る機会にも恵まれました。当時、そういうものが家にあるというのはたいへん珍しいこと。子どものころ繰り返し観た映画は、のちに治虫が漫画を描いたり、アニメを制作したりするときの大きなヒントになります。

また、父親が漫画好きであったため、手塚家には漫画がたくさんありました。治虫はたくさんの漫画に囲まれて育ちます。

治虫の創造性はこのように育まれた

治虫の母親は、子どもがどんなことに心躍らせるかをわかっていて、日常のあらゆるところで、子どもがワクワク、ドキドキと楽しめるように接していた人でした。

たとえば……。母親は毎晩、寝るときに布団の中でいろいろな物語を聞かせてくれました。聞かせてくれた物語は、母親がその母から聞いた「民話」や「おとぎ話」。それは、『桃太郎』や『浦島太郎』のようによく知られている話ではなく、探してもその本が見つからないような、非常に地方色の強い民話でした。話のネタが尽きると、自分の「創作話」を聞かせてくれます。治虫は、幼いころ、母親が毎晩話を聞かせてくれるのが嬉しかったと話しています。

治虫は大人になってからも、そのころ聞いた話を覚えていたほどでした。物語を口伝えで聞くことの素晴らしさについて、治虫は次のように語っています。

「小さい子どもたちは、口伝えで物語を聞かせてもらうとよく心に残るものである。話を耳から聞くと、頭の中でイメージを働かせる。話を聞きながら、頭の中にその場面とか、出てくる人間の姿とか表情を見ることができる。物語を聞くことは、子どもたちに、映像というイメージをかきたてさせる」と。

母から聞かせてもらった物語は、治虫の創造力を育み、のちに漫画のストーリーをつくるのにとても役立ったようです。

また、母親は、子どもたちに「漫画」の読み聞かせもしてくれました。「絵本」や「物語」を読み聞かせる親は結構いると思うのですが、「漫画」を読み聞かせる親というのは、珍しいのではないでしょうか。それも、昭和初期ですから、かなり珍しいことでした。

それも、実に見事な読みっぷりだったとのこと。登場人物をキャラクターごとに声色を分けて、面白おかしく演じるように読んでくれるのです。悪役は悪役のように、子どもは子どものように。擬音も、臨場感たっぷりに効果的に表現します。治虫は、聞きながら、ワクワクしたりハラハラしたり、感きわまって泣き出したこともあったとか。

治虫は、この読み聞かせで、漫画の持つストーリーの楽しさを味わいました。そして、漫画に含まれている物語のロマンや夢に、あこがれを持ちました。治虫は、母親の漫画の読み聞かせを、「漫画家、手塚治虫をつくってくれたルーツのようなものだった」と感謝を込めて語っています。

母親は、そのほかにも、親子の間だけに通じる「オリジナル言葉」をつくったり、子守唄を「自作の歌詞」に取り替えて歌ったりしていました。とにかく、非常にユニークな人で、何でもないことでも治虫の母親の手にかかると面白くなっていたそうです。

手塚家の子どもたちは、母親と一緒にワクワク、ドキドキしながら楽しいときを過ごすうちに、話をつくるって面白いなあ、漫画っていいなあ、音楽って楽しいなあ……という気持ちになり、創作意欲がかきたてられていきました。

治虫は、漫画の楽しさや物語の楽しさを知って「ストーリー漫画家」になり、治虫の妹は、音楽の楽しさを知って「音楽の道」に進んでいます。

いろいろなことを子どもと一緒に楽しむことは、それだけで子どもの才能や可能性を引き出すことにつながるようです。子どもは、どの分野に興味を持つかわかりません。いろいろなことを楽しんでいるうちに、本当に心躍ることに出会えるかもしれません。どうやら「楽しい」と感じて夢中になることが、その子が持っている才能と深い関係があるようです。

子どもを「その気」にさせる名人

治虫の母親は、子どもに何かを伝えたいときには、「押しつけ」ではなく、「楽しさとセットで」「子どもが夢中になることとセットで」という方法をとる人でした。叱ったり命令したりすることによって親の言うことを聞かせるのではなく、子どもの中に「よし、やってみよう！」という気持ちを起こさせる名人でした。

その一例。子どもが薬を塗ることを嫌がったときに、母親がとった方法を紹介します。

当時、「エキホス」という風邪薬がありました。「エキホス」を包帯にべっとりつけて喉《のど》に巻くのですが、治虫は、「エキホス」がとても臭いので、つけるのが嫌でした。

嫌がる治虫に、母親は、「薬なんだから、ちゃんとつけなさい！　こんなことぐらい我慢しなさい！」と叱ったりしません。……ではどうしたか。

なんと、母親は「エキホス」を主人公にした話を創作して治虫に聞かせました。こんな具合です。

母親「このエキホスは、いつものじゃなくて特別なエキホスなのよ。このエキホスには不思議なお話があるの。……ある田舎の村に小さな小さな薬屋さんがありました。そこには、エキホスの大ビンがひとつと、小ビンがたくさんありました。……」

話は続きます。「エキホスの大ビン」は、とても高価で「おれはエキホスの王様だ」という優越感を持っていた。だけど、「小ビン」ばかりが売れて、自分だけが売れ残ってしまい自信をなくしてしまう。しかし、何年かたって、急性の肺炎になってしまった子どもが出たとき、「エキホスの大ビン」のおかげで子どもの命が助かって大喜びされ、自信を取り戻した。

この話を面白おかしく話すのです。治虫が引き込まれて聞き入っていると、母親はすかさず薬を差し出しました。

母親「そのエキホスが、これなのよ」
治虫「本当……?」
母親「本当よ。このビンはエキホスの王様だから、きっと風邪が治るのよ。だから、ね」

それまで「エキホス」の薬が嫌でたまらなかった治虫でしたが、この話を聞いて「つけてみようかな」という気になり、つけたそうです。

叱られてする（薬をつける）のと、自分から「してもいいかな」という気持ちになってするのとでは、ずいぶん違います。こういうことは、気をつけて見てみると日常生活のなかにたくさんあります。

「早く用意をしなさい」「ちゃんと片付けをしなさい」「いつも言っているでしょう」……ついそうやって子どもを叱ってしまう大人が結構いるのではないでしょうか。叱る理由は、「叱らないとやらないから」「何度でも同じことを言わせるから」という声をよく聞きます。でも、「叱らないとやらない」というのは、大人の思い込みかもしれません。

子どもの側にも「やらない（やれない）理由」があるわけです。そこを考慮したり解決したりすれば、案外やれるようになったりします。そういう工夫をすることなしに、子どもを叱りつけてしまうのは、大人の怠慢《たいまん》・傲慢《ごうまん》かもしれません。

私たち大人だって、相手の価値判断で命令されたり叱りつけられたりしたら、いい気分がしないでしょう。子どもも、きっと同じです。どうしてもさせたいことがある場合は、治虫の母親のように、子どもが「やってもいいかな」と思えるような工夫をしてみると楽しいかもしれません。

毎日泣きながら帰ってきた治虫

治虫は幼稚園に行っていません。小学校が、治虫にとって初めて体験する小社会でした。ちなみに、治虫が通った小学校は、近所の小学校ではなく、電車に乗って1時間かけて通う大阪府立池田師範附属小学校（現、大阪教育大学附属池田小学校）。この学校は入学試験に合格しないと入れないという、いわゆる名門小学校でした。

治虫は、自伝や講演の中で、「自分は小学校のころ、たいへんないじめられっ子だった」と語っています。治虫は、背が低く、体がやせていて、運動が苦手。そして、メガネをかけ（当時としては珍しかった）、髪の毛がガシャガシャの天然パーマだったこともあり、からかいの格好の標的になっていたといいます。

本人の話によると、朝も、休み時間も、下校途中も、「メガネや天然パーマをからかう歌」を歌っていびられたとのこと。治虫は、「メガネ」「チビ」とからかわれてもそれほど気にならなかったのですが、「天然パーマ」だけは、言われると気持ちが逆上して抑えられないのでした。泣き虫だけど、負けん気も強い治虫は、天然パーマをからかわれると「バカー！」と泣きながら歯向かっていきます。すると、まわりは面白がって、ますますからかうという繰り返しでした。

治虫は家に帰ると、毎日「お母さん、また泣かされてしまったよぅ……」と泣きます。母親はそのたびに「そう……。大変だったね。それはつらかったね」と、優しく抱きしめてくれました。

治虫が毎日玄関先でそうやって泣くので、母親は、「お帰りなさい」と言う代わりに、「治さん、今日は何回泣かされたの？」と聞くのが習慣になっていました。治虫は泣きながら、「今日は、朝校門で1回、休み時間に追いかけられて2回、……（中略）……7回だよ」と指折り数えて答えます。

すると、母親は、「つらかったろうね」と気持ちを受け止めてくれたあとで、「我慢なさいね。堪忍《かんにん》しなさいね」と優しく言うのでした。決して、「そんなことで泣いてはいけません」とか「負けてはいけません」とは言わない。

当時は戦争に突入していく時代。世の中では「男は男らしく、女は女らしく」と言われていましたから、多くの人が「男の子がメソメソするなんて恥ずかしいこと」と思っていました。

治虫の父親も、息子が泣いている姿を見ると、厳しく叱っていました。

治虫の言葉を借りると、父親は「気まぐれでわがままで、言いたい放題したい放題、ことごとく妻に無理を押しつけて怒鳴りつける人」でした。一方、〝妻は夫に従う〟というしつけを受けてきた母親は、文句ひとつ言わず、夫に従っていました。母親がぐっと耐えて我慢している姿を、治虫は幼いころから見て育っています。

治虫のことでも、「お前が甘やかすから、治虫がこんな弱くなってしまうのだ」と叱られます。「すみません」と答える母親。しかし、そう謝りながらも、母親は「男の子が泣くのは恥ずかしい」という世間一般の価値基準で息子を裁《さば》いたり叱ったりはしませんでした。

治虫は父親から厳しくされました。家の外に何度も放り出されていました。父親は感情に任せて放り出すのです。雨が降っていても放り出します。放り出されて雨戸を閉められた治虫は、雨の中、外で1時間でも2時間でも泣くことがありました（父親の名誉のためにつけ加えると、治虫の父親が特別だったわけではなく、当時の父親の多くはそういうタイプでした）。

治虫には放り出された理由に納得できないことがずいぶんあったとのこと。そんなときは、父親に対する恨みや反発だけが残りました。それが積み重なって、結局大人になっても、父親に対して、親としての偉大さや大きさを感じることができなかったと語っています。

治虫は後年、優しい愛情で包んでくれた母親に感謝すると同時に、「母から〝我慢〟することを教えてもらった」「大人になって、仕事のうえで腹が立つことがあっても、生まれつきかんしゃく持ちだった自分がなんとか腹の虫を抑えることができたのは、母から教わった〝忍耐〟のおかげかもしれない」と語っています。

治虫に「我慢すること」を教えてくれたのは、厳しかった父親ではなく、優しく受け止めてから「我慢なさいね」と言ってくれた母親だったというのです。

母のメッセージが伝わった理由

母親のメッセージが治虫に伝わったのはなぜでしょう。

それは、母親が、泣いている治虫を否定しないで、まず「つらかったね」と受け止めてくれたためであるような気がします。

治虫の母親が言った、「つらかったね。我慢なさいね」という言葉からは、〝それはつらかったね。あなたの気持ちわかるよ〟というメッセージが伝わってきます。そうやって抱きしめてもらった子どもは、ひとりぼっちでつらさのなかにいなくてすみます。つらい気持ち、泣きたい気持ちをわかって抱きしめてくれる存在がいるということは、どんなに心が救われることでしょう。

では、「そんなことで泣くなんて弱虫だ。我慢しなさい」という言葉はどうでしょう。泣いていることを否定するこの言葉からは、〝あなたは泣き虫で弱虫。そんなことでは、ダメなのよ〟

というメッセージが伝わってきます。こう言われた子どもは、自分は「弱虫でダメな子なんだ」という思いにどっぷりつかることになります。おそらく、そのあとに続く言葉を聞きたいとは思えないでしょう。

それどころか、そういうメッセージを受け続けた子どもは、「自分はダメな子」と思い込んでしまいます。そんな思い込みを持ってしまうと、せっかく持っている力を発揮できなくなってしまいます。

①「つらかったね。わかるよ。（そして、）我慢しましょうね」

②「そんなことでは、ダメなのよ。（だから、）我慢しましょうね」

この2つは、小さな違いのように見えるかもしれません。しかし、①のように、自分を受け止めてもらえたあとでの「我慢しましょうね」なのか、あるいは②のように、自分を否定されたあとでの「我慢しましょうね」なのかは、大違いです。

治虫の母親がこのことを意識していたかどうかはわかりませんが、彼女は、決して②の言い方をしない人でした。

また、母親は治虫が毎日のように泣かされてきても、来る日も来る日も、受け止め続けてくれました。ここも大切なポイントです。

子どもは、何回でも同じことを繰り返します。それが子どもの特徴です。繰り返しながら少しずつできるようになっていきます。1回や2回でできるようにはならないことが多い。それが当たり前だということを、こちらがちゃんと頭に入れておくといいでしょう。そうしたら、2回や3回、子どもが同じことを繰り返したからといって、「何度言ったらわかるの!」とか「この前約束したのに!」と、腹を立てずにすみます。そのほうが親も子も「ラク」で、楽しい。

毎日泣かされて帰ってきた治虫も、やがて何を言われても何をされても、ぐっとこらえて、笑っていられるようになりました。母親は、そうなるまで、治虫のことを受け止め続け、伝え続けてくれました。

治虫の場合、大好きな母親が言ってくれることだからこそ、聞く気持ちになれた、心に伝わった、ということもあるでしょう。

今の子どもの状態を決して否定しないでそのままを受け止める、子どもの気持ちに寄り添う、伝えたいことは何度も繰り返す、子どもが「お母さん大好き」と思えるお母さんでいる……治虫の母親はそういう存在でした。

いじめられっ子からの脱出

小学校1、2年生のときはよくいじめられていた治虫でしたが、いじめられっ子脱出の契機になったのは、「漫画」でした。

父親が漫画好きであったため、治虫の家には200冊もの漫画本がありました。まだ漫画が市民権を得ていなかった時代ですから、これはとても珍しいこと。父親は、漫画をよく買ってきて、読み終わったら、子どもたちにも読ませてくれました。母親も、夫から給料を受け取ると、いくらかを工面して子どもたちに漫画を買ってくれました。

このような手塚家でしたから、子どもが漫画を読んだり描いたりすることを禁止したり叱ったりしませんでした。治虫は、幼いころから毎日のように漫画を描いていたし、好きなだけ漫画を読んでいます。

しかし、ほかの家の子たちは、親から「漫画なんか読んでいてはいけません」と言われていました。ですから、「漫画がたくさんあって、どれだけ読んでも叱られない手塚家」はたいへんうらやましく思われていました。やがて、治虫の家に子どもたちが漫画を読みにくるようになります。

いつも、治虫のことをいじめていた子どもたちですが、漫画が読みたいこともあって、親から渡されたお土産を持ってやってきます。そして、夢中になって漫画を読みふけるのです。治虫は実にいい気分でした。

治虫は、このときの母親の対応がとてもありがたかったと言っています。当時の多くの親たちは、いたずら盛りの子どもがドヤドヤと家に上がり込むのを歓迎せず、何かにつけて叱っていました。しかし治虫の母親は、「お待ちしていましたよ」と迎え入れ、当時としては珍しい紅茶を出してくれたり、手づくりのお菓子を出してくれたりして、喜んでもてなしてくれました。治虫の母親は、子どもの気持ちを大切にする人なので、「漫画を読みにくる子どもたち」の気持ちも大切にしてくれたのでしょう。相手が子どもであろうが、〝お客様〟として精いっぱいもてなしてくれた母親。

子どもたちにとって居心地のいい手塚家には、日曜日になると毎週のように友だちが遊びにくるようになります。いつの間にか、治虫に対する「いじめ」や「からかい」がなくなっていきました。

このあと、治虫は、いじめられないためには、何か「自分にしかできないこと」をするのがいいと考えます。そこで思いついたのが、「漫画を描くこと」でした。

治虫の描く漫画はクラスの中でも評判になり、まわりから一目置かれる存在になります。小学5年のころには、ノート1冊分のストーリーのある漫画を描くほどになりました。

「手塚治虫はそれほどいじめられっ子ではなかった」と語る同級生もいます。治虫が話す「いじめられた経験」には多少オーバーに表現されている部分があるのかもしれません。しかし、治虫は著書や講演の中で繰り返し「いじめられたこと」を語っているので、多かれ少なかれ、いじめられて涙が出るほど悔しい思いをしたことはあったようです。

特に小学校に入ったばかりのころは、（幼稚園に行っていない治虫にとって）初めて体験した社会でしたから、たわいもない「からかい」のようなことにも、心が傷ついていたのではないかと思われます。相手はからかった程度のつもりでも、からかわれた側としてはひどく傷つくことがありますから。

漫画を描くことが大好きだった治虫

治虫は17歳で「漫画家」としてデビューしたとき、大阪帝国大学附属医学専門部の「医学生」でもありました。しばらくの間、「医学生」と「漫画家」の二重生活を続けています。

病院の宿直室で徹夜をして漫画を描きます。黒く塗りつぶしたり、消しゴムで消したりするのを当直の看護師によく手伝ってもらいました。そして、白衣をジャンパーに着替え、ベレー帽をかぶって漫画家に変身。大阪や東京の出版社へ漫画の原稿を持っていくという生活をしていました。

卒業を翌年に控えていたころ、学生が患者の病歴や症状を聞いてカルテに書く「予診」という実習がありました。そんなとき治虫は、患者の顔をじっと見ながら質問をしているうちに、患者の「病歴」や「症状」ではなく、ついつい患者の「似顔絵」をカルテに描き込んでしまうのでした（似顔絵は特徴をつかんでいて、実によく似ていたそうです）。それが医師に見つかってしまい、激怒されます。

それでなくても、欠席に欠席を重ねている治虫。出席しても机の上でテキストを開くことはなく、漫画の原稿が陣取っていました。医師は治虫を呼び出してこう言いました。

「本当に医者になりたいのか？　このまま医者を目指しても、ろくな医者にはなれないぞ。忠告だが、医者はあきらめて、漫画を描いたほうが合っているのではないか」と。

そのころ、治虫自身も、医者になることに疑問を感じ始めていました。

治虫が「医学」への道を選んだ理由はいくつかありました。そのひとつは15歳のときに敗血症になって、危うく腕や指を切り落とさなければならなかったときに、医者に助けてもらって、ありがたみをしみじみ感じたこと。また、手塚家が代々医者をしていて、治虫の祖父と父親の2代だけが法律家やサラリーマンになっていたため、「治虫の代から、また医者に」というまわりからの期待があったこと。そして、治虫にとっての最大の理由は、「軍医になれば、大戦中、徴兵を免《まぬが》れること」でした。しかし、最大の理由だった「戦争」は終わっていました。治虫は、戦争が終わったとき、とっさに「こりゃ、もしかしたら漫画家になれるかもしれんぞ」と思ったそうです。

治虫は、戦争中も漫画を描いていました。それが見つかってどれだけ配属将校に殴られても、漫画を描くことをやめませんでした。戦争末期には、毎日のように空襲を受けながらも、ひたすら漫画を描き続けていました。明日の命が保証されない毎日のなかで、３０００枚もの漫画を描いた治虫。

本当に心から好きなこと、やりたいことは、「漫画を描くこと」。

しかし、当時は、「漫画家」で一生食べていけるとは考えられない時代でした。治虫は、「医者」と「漫画家」のどちらの道に進むかを迷っていました。

母のひとことで「漫画家」の道を選ぶ

人生の選択を迫られた治虫は、母親に相談します。

母親は治虫に聞きました。

「あなたは、医者と漫画、どちらが好きなの？」

治虫は答えました。

「漫画です」

すると母親は、すかさずきっぱりと言いました。

「じゃあ、好きな道を行きなさい」

治虫は母親のそのひとことで、漫画家の道を選びます。

当時の世間的価値観からすれば、大半の親は医者への道をすすめたのではないかと思います。「漫画家」と「医者」とでは、社会的認知度に大きな差がありました。収入にも大きな差があったでしょう。

しかし、治虫の母親は、「医者になってくれたらいいな」とか「漫画家になってくれたらいいな」という自分の思いではなく、「あなたの好きな道を選びなさい」と言い、示してくれました。

治虫の母親は、「自分が本当に好きなことに打ち込むことが幸せ」であること、またそうすることによって「能力が発揮される」ということを知っていたのかもしれません。

ほかの親たちのように、「漫画をこんなに読ませたら悪い影響が出るんじゃないか」とか、「この子にとって、本当はどちらの道がいいのか」などとあれこれ考えないのです。この母親には迷いがありません。

「あなたが読みたいのであればどうぞ読みなさい」「あなたが好きな道に、どうぞ進みなさい」と、本人に決めさせています。

治虫は、自伝や講演の中で「母はいいことを言ってくれた。母のひとことで、好きな道を選ぶことができ、私は充実した人生を送ることができた」と述べています。

「漫画」が好きだけれど、その道を選ぶ決心がつかなかった治虫の背中を押してくれたのが母親でした。

ちなみに、「漫画家としてやっていこう」と決心した治虫でしたが、大阪帝国大学附属医学専門部を無事卒業し、翌年には国家試験にも合格しています。その後は、無給のインターン（見習い医師）として病院に勤めながら漫画を描いていました。

そのころの治虫は、同時に「10本」の月刊誌に連載を抱えていました。毎月10本分の連載を仕上げるのですから、すごい量です。やがて医者と漫画家の両立が難しくなり、「漫画家」一本に絞って活動をするようになります。

母が与えてくれたもの

手塚治虫の母親は、「子どもの心」や「子どもの気持ち」を非常に大切にする人でした。子どもはどんなことで心を痛め、そしてどんなことを楽しいと感じるのか。子どもの心に寄り添って、一緒に感じ、一緒に楽しむ人でした。

また、軍人の娘という育ちが影響しているのか、芯の強さのようなものも持った人でした。それは、相手を打ち負かす強さではなく、自分が大切だと思うことを大切にできる強さ、どんな環境であってもそのなかでぐっと耐える強さです。

彼女は、人間ならおそらく誰もが持っている「弱い部分」を認められる人でした。だからこそ治虫は、どんなにかっこ悪い自分でも、安心して母親にさらけ出せたのでしょう。治虫はそんな母の深い愛情にどっぷりつかって、自分の信じる道を歩んでいけたような気がします。

手塚治虫の作品に登場する母親像は、優しさに満ち、温かな視線で子どもを見守り続けるものが多いのですが、これは、治虫自身がそのように育てられたためでしょう。

治虫は自分の育てられ方にとても感謝をしていました。こう語っています。

「3～5歳くらいの幼児期に、子どもが本当にやりたいことを禁じられたり、やりたくないことを押しつけられたりすると、絶望的な感情や無気力が育つと思う。自分の子どもには好きなことをどんどんやらせるようにした。というのは、ぼく自身が、そういう育てられ方をしたから」

子どものころから、家にあった漫画を読みたいだけ読み、『ディズニー』や『チャップリン』の映画を繰り返し観て、漫画を描きたいだけ描いていた治虫。「ためになる、ためにならない」という評価など一切されず、大好きなことをやりたいだけやらせてもらえた子ども時代でした。

治虫は、病に倒れて入院していたときも連載漫画を描き続け、亡くなる10日ほど前まで、制作中のアニメーションの仕事をしていました。病院では、退院してからの仕事の計画を山ほど考えていたそうです。妻の悦子さんが最後に聞いた言葉は「隣へ行って仕事をする。仕事をさせてくれ」でした。手塚治虫は、自分が本当に好きな道を選んで、充実した人生を送ることができた幸せな人でした。

正観コラム

子育てしない子育て

子育ての本質は「育てない」ことです。

子育てをしない、といっても、必要な愛情をかけないとか、養育をしない、といった育児放棄（ネグレクト）のことではありません。

ここでいう「子育てをしない」というのは、子どもを育てるときに、「この子を自分の思いどおりにしよう」としないことをいいます。

子育てにおいて、親の「思い」は非常に大きなテーマで、子どもにどうなってほしいかという「思い」が強ければ強いほど子育ては大変なものになり、親にとっても子どもにとっても負担になります。

「思い」を持たず、子どもが自分で伸びていく力を、ただ見守る。

自分が選んだ方向に行きたいと思う子どもに対して、親は決して立ちはだかることなく、そのまま認めて応援していく。

絵が好きならば、親は絵を描いているその子を応援支援してあげる。

運動が好きならば、その子の運動の応援支援をしてあげる。

音楽が好きならば、その子の音楽活動の応援支援をしてあげる。

そのとき、「ピアノコンクールで一位にならないとダメよ」と思っていると、親も子どもも苦しくなります。子どもがピアノを好きなのであれば、「ピアノが好きなあなたを私も好きよ」と応援をする。すると、親子にとって、ピアノは苦しいものでもつらいものでもなくなるのです。

「あなたのためを思っているのよ」と言いながら、運動ばっかりやっていてはダメ、音楽ばっかりやっていてはダメと、自分の思うように捻《ね》じ曲げようとしないこと。子どもの方向性を修正しないこと。子どもを思いどおりにしようとしないこと。

子どもが好きなことをやって自由に伸びていく芽を親が摘んでしまってはいけないのです。

3
チャールズ・チャップリン

明るく優しく、
子どもを楽しませていた母親

ずいぶんひどい貧乏暮らしをしていたが、
母は私と兄の心に、ユニークな人間である
という誇りを植えつけてくれた

映画監督・映画俳優・脚本家
1889年4月16日～1977年12月25日（88歳）

チャップリンについて

喜劇王、チャップリン。ぶかぶかのズボンと外また歩きの大きな靴、山高帽《やまたかぼう》、ステッキ、そしてチョビひげというチャーリーの姿は、今でも多くの人々に親しまれています。チャップリンが映画に初出演したのは１９１４年、25歳のときでした。

当時の映画は、「サイレント（無声映画）」というセリフのないものでしたが、動作だけで観客を笑わせることができる天才的な喜劇俳優のチャップリンは、世界的な人気スターになります。

チャップリンの映画がいかに人々を笑わせていたかという実例が報告されています。

そのひとつ。チャップリンの映画を２週間も上映すると、観客があまりに激しく笑いころげるので、客席のボルトを固く締め直さなければならなかったそうです。

また、チャップリンの映画を観て大笑いした傷病兵が座席から立ち上がると、松葉杖を忘れて歩き出したという例も報告されています。笑うことによる治療効果というのは、最近よくいわれていますが、チャップリンの映画はその題材としておすすめできるでしょう。

それほどの映画をつくり続けたチャップリンは、納得できるまで何度も撮影する人でした。撮影がどれだけ長くかかっても、自分が満足できなかったらおしげもなくフィルムをカットするのが彼のやり方。

チャップリンは、観客の反応を謙虚《けんきょ》に受け止めて、映画づくりに生かしていました。未公開の映画を街の小さな映画館で実験的に上映して、注意深く観客の反応をうかがいます。特に重視していたのは、子どもたちの反応。「子どもを喜ばすことが、世界中でいちばん難しい」と考えるチャップリンは、笑いをとるつもりの場面で子どもが笑わなかったりすると、再編集したり撮り直したりすることもあったほどです。未公開NGフィルムを見ると、ひとつのギャグをさまざまなパターンで撮り直していることがわかります。決して妥協《だきょう》しない……それが、チャップリンの映画づくりの姿勢でした。

チャップリンはデビューから5年後に、自分たちで映画会社を設立します。だから、妥協することなく、たっぷり時間とお金をかけて映画をつくることができたのです。映画界が「トーキー」という、セリフのある音声映画になってからも、数々の名作をつくりました。

チャップリンは、これらの映画で主演俳優をしていただけではありません。彼の映画は、脚本も、演技指導やフィルム編集（つまり映画監督の仕事）も、映画音楽もチャップリン自身が担当していました。彼は、どの部門においても素晴らしい才能を発揮しています。

チャップリンは「映画の目的は笑わせることだ。しかし、そのなかにはシリアスな内容が含まれている」と語っています。そんな彼の映画には、「笑い」があり、「涙」があり、「感動」があります。見る者の心を温かく勇気づけてくれるだけではなく、人を愛する心や、明日への希望を思い起こさせてくれたり、社会の不条理に気づかせ考えさせてくれたりもします。

チャップリンの最後の作品が公開されたのが77歳のときですから、彼の映画人生は50年以上に及びました。


チャップリンの作品には貧しかった子ども時代の体験が大きく影響しています。

自分の子ども時代を「泥沼のようにみじめだった生活」と振り返っているチャップリン。

そういう状況のなかで、少年チャップリンの心を支え、また「芸人」としての芽を引き出すきっかけをつくってくれたのは母親のハンナでした。

チャップリンの誕生

チャップリンは、イギリス・ロンドンの下町で生まれました。

チャップリンの父親は、「ミュージックホール」で名の知れた歌手で、人気芸人のひとりでした。「ミュージックホール」とは、歌や踊り、劇や手品などを見ることができるところです。

当時、イギリスでは、「ミュージックホール」が全盛期を迎えていました。

チャップリンの母親も、芸人でした。物真似がうまく、甘いチャーミングな声の持ち主で、劇では主役をすることもあったほどの売れっ子でした。きれいで愛嬌《あいきょう》があり、人を惹きつける魅力を持っていたとのこと。彼女は生涯で3人の男の子を産みますが、3人の父親はそれぞれ違いました。

1人目の子は、駆け落ちして16歳で出産しています。

そのあとで、昔の恋人（チャップリンの父親）とよりを戻して結婚します。結婚生活は順調にスタートし、結婚4年後に、チャップリンが生まれました。そのとき母親は20歳、父親は26歳でした。

しかし、両親の結婚生活は、チャップリンが1歳のころに破綻《はたん》します。原因は、父親の飲酒かもしれませんし、母親の男性問題かもしれません。当時の芸人の多くがそうであったように、父親は酒におぼれました。また、夫が巡業で家を空けると、母親はいろいろな男性と親しくなっていきました。正式な離婚届は出ていませんが、それ以降、チャップリンの両親は一緒に暮らしていません。

チャップリンが3歳のとき、母親は3人目の息子を出産します。その子の父親は当時の人気歌手でしたが、その男性との関係も、子どもが生まれたあとに切れています。母親は、生まれた息子を熱愛して育てますが、生後6カ月のときに、その父親に連れていかれてしまいました。

このような経緯があり、チャップリンは子ども時代を母親と異父兄との3人で過ごすことになります。

母子3人の暮らし

チャップリンが幼いころ、母子3人は、比較的ゆとりのある生活をしていました。母親は毎晩2人の息子を気持ちのよいベッドに寝かせ、抱き合って一緒に眠らせてから、留守を家政婦に頼んで劇場に出ていきました。日曜日になると、息子に晴れ着を着せて、街を散歩したり劇場へ行ってアトラクションを見物させたりもしていました。

しかし、このような生活が続いたのは、チャップリンが3歳半になるまででした。母親が3人目の子どもを出産し、その父親との関係が切れたころから、生活は少しずつ苦しくなっていきます。

母親は実力のある芸人でしたが、喉が丈夫ではありませんでした。

しかし、生計を立てるためには、舞台を休むわけにはいきません。ひと晩に2、3度公演をすることもありました。そんなことを繰り返すうちに母親の美しい声は、みるみる悪くなり、舞台の仕事は次第に減っていきました。

チャップリンが5歳のある晩のこと（そのころ、母親はチャップリンも一緒に劇場へ連れていっていました。家政婦を雇う余裕がなかったのでしょう)。その日、母親は慰安用劇場に出演していました。そこは、客のガラが悪いことで有名な劇場。この日も、舞台で歌っている最中に母親の声が割れ、つぶやくような声に変わってしまいました。客席からヤジが飛び、収拾がつかなくなり、母親はついに舞台を引っ込まざるをえなくなりました。

そのとき母親の舞台の穴埋めをしたのが、5歳のチャップリン。彼の芸を観たことがある支配人がとっさの機転《きてん》で彼を舞台に連れ出したのです。すると、チャップリンは、気後れした様子も見せず、スポットライトを浴びながらヒット曲を歌ったり、舞台の上から観客に気軽に話しかけたり、踊ったり、物真似をしたりして、大喝采《だいかっさい》を浴びました。母親のしゃがれ声まで真似して歌ってみせました。これがたいへん受けて、「笑い」「拍手」、そして、すさまじい「投げ銭」の雨が舞台に降ってきました。

チャップリンは、その晩のことを、「自分の初舞台であると同時に、母の最後の舞台」と語っています。

舞台で母親が働けなくなると、母子3人の生活はいよいよ貧しくなっていきました。

母親は、自分の舞台衣装を縫っていたので、裁縫ができました。その腕を生かして、仕立物の仕事を始めましたが、それだけでは母子3人の暮らしは成り立ちません。少しの蓄《たくわ》えはたちまちなくなってしまい、わずかな宝石や道具類を「質」に入れて得たお金も、あとかたもなく消えてしまいました。

母子は、それまで住んでいた気持ちのよい3部屋のアパートから、2部屋のアパート、続いて1部屋だけの貸し間へと引っ越しました。引っ越しのたびに荷物は少なくなり、環境も悪くなっていきました。

貧しくても楽しい毎日

一家の財政状態はかなり厳しいものでしたが、子どもたちの目には、「生活を明るく、少しでも楽しいものにしようとしていた母親の姿」が鮮明に焼きついています。

母親は、持ち物をほとんど売り尽くしていたのですが、舞台衣装の詰まったトランクひとつだけは残していました。

チャップリンと兄は、トランクの中の舞台衣装やかつらを見ると、母親に「着て見せてくれ」と、よくねだっていました。

母親は、昔、自分が舞台で大当たりをとった歌を、衰《おとろ》えた喉で歌ってくれました。歌い終わると、今度は素晴らしいしなやかさで踊り出します。そのまま次々と歌い、息切れがしてくたくたになるまで踊り続けるのでした。そんなときの母親は、針仕事などきれいさっぱり忘れて、チャップリンたちを本当に楽しませてくれました。

また、いわゆる本場の舞台で見た女優たちの声色もいろいろ真似てくれました。芝居の話をするときも、さまざまな役を実に巧《たく》みに真似て見事に演じ分けてくれます。いろいろなエピソードも、すべて「芝居仕立て」で話してくれます。しかもいつもユーモラスな味を忘れないのです。

チャップリンは、母親が語ってくれた話やそれを聞いたときの感動を、老年になってからも昨日のことのように覚えているほどでした。

母親は、素晴らしい「パントマイム」も見せてくれました。「パントマイム」とは、言葉を用いないで、表情・身ぶりだけで事柄を表す劇です。チャップリンは、のちにパントマイムの名手になりますが、彼は「母がいなかったら、自分がパントマイムで名を成していたかどうか疑わしい。生涯出会ったなかで、最高のパントマイムの名人は母親だった」と語っています。

母親は鋭い「人間観察」も見せてくれました。窓際に腰を下ろして通りの人々に目をやり、今、路上でどんなことが起きているかを「手ぶり」や「表情」や「目の動き」で教えてくれたり、想像力をふくらませて語ってくれたりしたのです。その観察の鋭さは常人業ではなかったとのこと。たとえば、こんな感じです。

朝、ビル・スミスが通りをやってくるのを見て、母親はこう言います。

「ビル・スミスがやってきたわ。足を引きずるように歩いているよ。靴をピカピカにさせてね。ものすごい形相《ぎょうそう》だわ。奥さんとけんかして朝食もとらずに出てきたこと請《う》け合いよ。そらやっぱり！　パンとコーヒーで腹ごしらえするつもりでしょう。パン屋に入っていくわ」――そんなときは必ず、昼になるとビル・スミスの夫婦げんかのうわさが街じゅうに広まっていました。

母親はチャップリンが学校へ上がったあとも、道行く人を眺めながらいろんな話を創作してチャップリンを喜ばせてくれたり、本を読んでくれたりしました。いつ終わるともなく続く母親の話に、チャップリンは腹の皮をよじらせて笑い続けていました。

チャップリンは、自伝の中で「学校での勉強が退屈で仕方がなかった。もし、もっと気の利いた先生がいて、教科ごとに心をくすぐるような面白い授業をしていたら、自分は学者になっていたかもしれない。たとえば、数字の手品で楽しませるとか、歴史の見方を教えるとか、詩の音楽性に目を開かせるとか」と述べています。つまり、チャップリンが通った学校では、どの先生の授業もチャップリンを引き込むほどの魅力はなかったということです。

一方、母親の「パントマイム」「語り」「人間観察」は、チャップリンを引き込んでいますから、相当素晴らしいものだったのでしょう。

幼少時代に身近で見た母の素晴らしい「パントマイム」や「語り」や「人間観察」が、

チャップリンの興味や才能を引き出したことは間違いないようです。教えたわけではなく、夢中になって楽しんでいる姿を見せただけ。絶妙な表情やしぐさで、心情や様子を表現するという、チャップリンの素晴らしい芸はこのようにして育まれていきました。

「ほほえみ」と「元気な言葉」

貧乏暮らしがひどくなるにつれて、幼いチャップリンは、母親に、どうして舞台に戻らないのかとなじりました。母親の素晴らしい才能を知っていたから、母が舞台に上がらずにミシンを踏んでいる姿を理解できなかったのでしょう。

母親も、舞台の話になると我を忘れて熱中するのが常でしたし、ミシンを踏むより舞台に立つほうが収入もよいわけですから、戻れるものならば戻りたかったに違いありません。

「戻れるものならば戻りたい。でも戻れない」……そんなつらい心境のときに、事情を知らない子どもになじられたら、ついつい「子どもが口を出すことじゃない！」とか「おまえは何も知らないくせに！」と、きつく言い返してしまいがちです。しかし、チャップリンの母親は違いました。

彼女は、ほほえみを浮かべながら、「あの世界の生活は偽《いつわ》りと見せかけに満ちているので、戻れば、すぐに神様のことを忘れてしまうに決まっているからよ」と答えています。

チャップリンは、一家のこの先を案じて不機嫌になってしまうことがありましたが、そんなときも母親は、針仕事の手を休めて、寂しそうなチャップリンの顔を見て、元気な言葉で慰《なぐさ》めてくれました。

チャップリンの母親は、生活が苦しくなり追い詰められても、イライラしたり、ヒステリーになったりすることなく、子どもに「ほほえみ」や「元気な言葉」を投げかける……そういう人でした。

また、彼女は、チャップリンたちの前で人を恨んだり憎んだりする言葉を言ったことがありませんでした。子どもが心を痛めるようなことも、子どもの耳に入れません。

たとえば、チャップリンの父親は、家を出たあとほかの女性と暮らし、養育費もなかなか入れてくれませんでしたが、その人のことでさえ、悪く言ったり恨んだりしている様子を見せたことがありません。駆け落ちした長男の父親についても、多少つくり話を交えながら子どもたちが夢を持つように話す母親でした。

また、街で偶然昔の知り合いに出会ったときは、その知り合いがひどい生活をしていることを知ると、公衆浴場に連れていき、服を与え、部屋に泊めてやっています。自分たちの生活もギリギリな状態なのに、帰り際にはお金まで渡しています。

困っている人が目の前にいれば、自分ができる精いっぱいのことをする……彼女にとっては、それがごく当たり前のことでした。これが、チャップリンの母親の持つ優しさ、愛情深さでした。

近くにいる大人が、「極貧生活を嘆き悲しんだり、誰かを恨んだりしている」のか、それとも、「極貧生活のなかでも楽しく過ごしている」のかは、大きな違い。チャップリンの母親は、人を恨んだり憎んだりすることにエネルギーを使わず、息子たちに楽しく過ごす姿を見せてくれていました。その「精神性」や「優しさ」「愛」は、チャップリンに引き継がれていきます。

思いがけない拾い物

チャップリンの母親は、「何が正しいか、どういう行動をとるべきか」ということより、「何が楽しいか、どうしたいか」を大切にして生きた人でした。

きっと「普通の大人」ならばこういう行動はとらないだろうと思える行動をとっています。そんな例をひとつ紹介します。

これは、母親の体調が崩れて、針仕事さえできなくなっていたころの話です。

チャップリンの兄は、学校の休み時間に新聞売りをしていました。稼ぎは微々たるものでしたが、それでも家計の助けになっていました。

そんなある日、兄は新聞売りをしている途中に、財布を拾いました。そっと中身を見ると、銀貨や銅貨がぎっしり詰まっています。心臓がドキドキするので数えもせず、家に駆け戻りました。「財布を拾った！」兄は大きな声でそう言うと、拾った財布を母親に渡しました。母親は財布の中身を見て興奮のあまりベッドに倒れ込んでしまいます。財布の内ポケットには金貨がどっさり入っていて、名前が書いてありませんでした。落とし主のことを思うと、さすがにちょっと心が痛みましたが、母親は「きっと神様が天国から送ってくださったお恵みに違いない」と思い、これを受け取ることにしたのです。

このお金の使い方がすごい。

日々の食べ物に困っていて、この先の収入のあてがない状況での「思いがけない臨時収入」。母親は、それを食料代に充てたり、蓄えたりしませんでした。では、どうしたか。

彼女は、そのお金で、2人の息子に新しい服を買い、家族で日帰り旅行をしたのです。

旅行の行き先は、保養地、サウスエンド・オン・シー。

チャップリンは生まれて初めて見る海にうっとりしました。3人は裸足になって水と戯《たわむ》れました。生ぬるい海水が足の甲やかかとを包み、足の裏でやわらかく崩れる砂の感じは、チャップリンが生まれて初めて知る喜びでした。素晴らしい1日でした。

母親が、どんな考えで、そのようなお金の使い方をしたのかについては、語られていません。

彼女の性格から考えると、

「お金があったら、子どもたちにこんなことをさせてあげたい」と思っていたことを実行したのかもしれません。たとえひとときでもいいから「貧乏暮らし」を忘れて、子どもたちと一緒に楽しく夢のような時間を過ごしたい、と。

当時のチャップリン一家の財政では、家族旅行ができるのは夢のまた夢。突然舞い込んできた神様からのプレゼントなのだから（もともとないはずのお金なのだから）、思いきって楽しいことに使ってしまおう……そういう考えが働いたような気がします。

極貧状態でこのような使い方ができる母親。

チャップリンは、老年になっても、その日の幸せな気持ちや様子をありありと思い出すことができました。それほど夢のような時間だったのです。チャップリンの母親は子どもたちに、「こんな素敵なプレゼント」をしてくれる人でした。

貧民院での生活

チャップリン家には、つかの間のゆとりのあとに再び貧しい日々がやってきました。最後の頼みの綱だったミシンも、月賦《げっぷ》の払いが滞《とどこお》ったため持っていかれてしまい、母は仕事ができなくなりました。ほかの就職口も見つからず、母子3人は、とうとう「貧民院」行きとなりました。

「貧民院」とは、貧しい人々を救済するための収容施設です。チャップリンの自伝の中には、貧民院が「ぶた箱」と呼ばれていることや、そこの住人である自分たちを村人がじろじろ眺める様子がたまらなく嫌だったことが書いてあります。「貧民院」とはそういうところでした。

「貧民院」では、家族が一緒に暮らすことは許されません。荷物はすべて取り上げられ、母親は「婦人寮」へ、チャップリンと兄は、そこから20キロも離れた「孤児・貧困児学校（貧民院付属学校）」へと入れられました。のちに兄が訓練船に移されたため、チャップリンは、「孤児・貧困児学校」にひとり残されることになります。それまでは、どんなに貧しくても母子3人で暮らしてきましたが、ここではひとりぼっちになってしまいました。

この学校は、たいへん厳しく、軍隊のように管理されていました。たとえ小さなことでも違反を犯すと、厳しく罰せられます。小学1年程度の年齢の子どもが、親兄弟と離れてそんななかで過ごさなくてはならなかったのです。「寂しさだけは耐えられなかった」……チャップリンは、ここでの生活を振り返ってそう語っています。

終生忘れられなかった母の言葉

貧民院の「孤児・貧困児学校」で「タムシ」が流行したことがありました。恐ろしく伝染力が強いということで、患者はすべて隔離病舎に送られ、丸刈りにされてヨードチンキを塗られました。患者がその姿で窓から外を見ているのを、ほかの少年たちは、嫌悪感を抱いて眺めていました。

あるとき、チャップリンも「タムシ」になってしまいます。タムシに伝染したことがわかったときには、すごい勢いで泣き出してしまったチャップリン。彼は、治療に要した何週間もの間、窓から外を眺める気にはなれませんでした。ほかの少年たちに嫌悪の目で見られるのが嫌でしたから。そのため、ずっと隔離病棟内でひとりみじめな気持ちで過ごしていました。

そんなとき、母親が隔離病棟に面会に来てくれました。チャップリンは、丸刈りにヨードチンキを塗られ、そのうえ、ハンカチで頭を縛られた自分が、恥ずかしくてたまりません。

看護師が母親に言いました。

「汚い顔をしていますけど、勘弁してあげてくださいね」

すると、母は大笑いをしながら、チャップリンを抱きしめてキスをしてくれました。そして、優しくこう言ってくれました。

「ええ、ええ、どんなに汚くてもいいわよ。本当にかわいいお前なんだから」

恐ろしく伝染力の強い伝染病にかかっているのに、何のためらいもなく、抱きしめてキスしてくれた母親。汚いことなんて何の問題もないのよ、とばかりに大笑いして、「どんなあなたでもいいのよ。本当にかわいい」と言ってくれた母親。

母親に抱きしめられて、その言葉を聞いたチャップリンは、どれほど安心し、幸せだったことでしょう。彼は、このときのことを終生忘れないと語っています。

チャップリンの母親は、子どもの存在を心から慈《いつく》しみ愛するという「無条件の愛」を持った人であり、そのことを子どもにちゃんと伝える人でした。「無条件の愛」とは、

I love you, because you are you.（あなたがあなたであるから、愛しているのよ）

という愛。

つまり、「あなたがいい子でいるからかわいい」とか「素晴らしいからいとおしい」という条件つきの愛ではなく、「どんなあなたであってもかわいい」という愛です。

この母親のように、「たとえ、ほかの人があなたを軽蔑《けいべつ》の目で見ているとしても、それでも、あなたはとてもかわいい。私はいつでもあなたを愛している」……そういう無条件の愛を注いでもらえると、子どもは安心、やすらぎを感じます。

そういう愛を注いでくれる大人が、たった1人でもいるかいないかというのは、大きな違いであり、注いでもらえた子どもには、「自分を大切にする心、見捨てない心」が育っていきます。

「こんなことができるなんて素晴らしいね」というように、何かできたときに子どもを認めたり褒めたりする大人は多くいます（これは、条件つきの承認・愛です）。子どもも、何かできたときにそれを認めてもらえることは嬉しいでしょう。励みにもなります。

しかし、できたことを認めたり褒めたりすることの前提として、「たとえできなくても、あなたには十分価値がある。大切な存在。素晴らしい存在」ということを日ごろから伝えておくことは、とても大切。そうでないと、子どもたちは「できない自分、褒められない自分には価値がない」と思い込んでしまうようですから。

現代も、「そのままのあなたで十分なのよ」と言ってもらえず、条件つきの承認や愛を注がれ続けた結果、心を病んでしまった子どもたちがたくさんいます。そこまでの症状が出ていないにしても、「勉強ができれば、親に大事にしてもらえる」「いい学校に行けば、まわりからも認めてもらえる」……そう思って、ひたすら頑張り、それでも思う成果が出せなくて「自分なんて価値のない人間だ」と思ってしまっている子が多いように思います。

多くの親たちは、子どもに対して「無条件の愛」を持っていることでしょう。

しかし、それを子どもに伝えているかとなると、別問題。特に日本では伝えていない場合が多いような気がします。「そんなこと、わざわざ言わなくてもいいだろう。当たり前のことだから。照れるじゃないか」と。

でも、思っているだけではなかなか伝わりません。

チャップリンの母親の素晴らしいところは、抱きしめて言葉にして子どもに伝えているところ。だから、チャップリンにも伝わったのです。

チャップリンは、このときの母親の言動を、終生忘れることができなかったと言っていますから、その後の人生のなかで何度も思い出したのではないでしょうか。彼は、このあと、さらにつらく悲しい日々を過ごすことになります。母親のこの言葉やぬくもりは、チャップリンを励まし、元気づけ、守ってくれたに違いありません。

自分の存在をまるごと受け止めてもらえ、どんなことがあっても見捨てられることなく愛してもらえた経験は、チャップリンに「自分自身を見捨てず大切にする心」や「人生を投げ出さずに生き抜く力」を与えてくれました。

実は、子どもを抱きしめて、「どんなあなたでも本当にかわいい。本当に大切」と言葉に出して伝えることは、「自分を見捨てない人、自分の人生を大切にできる人」を育てる、効果的な方法なのです。

嬉しいことに、これは誰にでもすぐにできます。

子どもが落ち込んでいるとき、失敗したときに（もちろん、それ以外のときでも構いませんが）、ギュッと抱きしめて、

「大丈夫。どんなときでも、○○ちゃんが大好き、大切、かわいい！」

と伝えてあげてみてください。照れるかもしれませんが、心の中ではとっても嬉しいと感じるでしょう。

効果抜群ですから一度だけでなく何度でもやってみることをおすすめします。

母の病気と、チャップリンのその後

チャップリンが9歳のとき、母親は精神科病院に入院しました。ろくに食べずに働き続けた結果の発病でした。母親はこのあと、精神科病院への入退院を繰り返します。母親が入院している間のチャップリンたちの生活はつらく悲しいものでした。

1回目の入院のとき、チャップリンと兄はチャップリンの父親に引き取られています。父親

が裁判所から引き取りを命じられたためです。当時チャップリンの父親は、別の女性と、その女性との間に生まれた4歳の男の子と暮らしていました。

チャップリンと兄は、この女性から「あんたの家じゃない、出ていけ！」と言われ、悪口を聞かされ続け、厄介者扱いされ、居場所がない日々を過ごしました。父親が帰ってこない日は家から閉め出されます。そんなとき、寝るところのない2人は、橋の下や、よその家の玄関の前で一夜を過ごしました。2人は寒さを防ぐためにしっかりと抱き合って、身に危険がないように片目を開けたままで眠りました。チャップリンにとってこの期間は、「生涯でいちばん長く、いちばん悲しい毎日」だったといいます。

3カ月後、退院した母親が2人を迎えにきてくれたので、再び母子3人の生活が始まります。母親は、ニコニコと笑顔で迎えにきてくれましたし、またもや屋根裏部屋でパントマイムや芝居を披露《ひろう》して、チャップリンたちを楽しませてくれました。

しかし、母親は5年後に再び入院します。チャップリンが14歳のとき。

このとき、父親はすでに亡くなっており、兄は船の仕事で出ていたので、チャップリンは1人でした。彼は貧民院へ入れられるのが嫌だったので、「叔母と住む」と嘘をつき、逃亡者のように人目を避けて街を徘徊《はいかい》しながら暮らしていました。

海から帰ってきた兄は、やつれきったチャップリンを見て驚き、再び船に乗ることをやめ、チャップリンと2人で劇団に入ることを決めます。幼いころから母親の素晴らしい演技を見ていたチャップリンの演技は抜群でした。劇団で才能をどんどん発揮し、たちまち有名になっていきました。

のちに、チャップリンはイギリスでいちばん評判の高い喜劇役者になり、アメリカ巡業に出かけます。そして、1回目のアメリカ巡業でのチャップリンの姿が、映画界の人の目にとまり、映画デビューのチャンスをつかむことになりました。

母が与えてくれたもの

チャップリンの母親の人生をたどると、たいへん愛情深い人であることがわかります。どんなに貧しくても子どもたちに愛を注ぎ続け、楽しませ、明るく優しい母でした。

晩年、チャップリンは自分の息子に次のように語っています。

「孤児院にいたときでも、食べ物を求めて通りをうろつき回っていたときでも、自分は世界一の俳優だと信じていた。自分自身に対する揺るぎない自信に身をひたしている必要があったんだ。それがなければ人生に押しつぶされていただろう」

こう思えたのは、母親がチャップリンの存在を慈しみ愛してくれたことが大きく影響しているでしょう。自分自身のことを信頼して大切にして生きていく基礎のようなものを、母親が育んでくれました。

チャップリンが9歳のとき、母親は精神障害になり、その後何回かの入退院を繰り返し、完全には回復しませんでした。しかし、「三つ子の魂百まで」の言葉どおり、それまでの間に、子どもたちの心には母の愛が十分届いており、チャップリンの愛や才能を引き出す役割を果たしています。

ちなみに、チャップリンは2回目のアメリカ行きのときに、安定したら母を呼び寄せようと決意し、その決意どおり、母親をアメリカへ呼び寄せています。母親は、最後の7年間、カリフォルニアの地で、花と太陽の光に包まれながら楽しく暮らし、息子たちの活躍を見届けてからこの世を去りました。

チャップリンの作品の中には、弱い者を励まし、勇気づけ、見終わったときに心温まるものが数多くあります。彼の表現する「愛」は、「奪う愛」ではなく、見返りなどを考えず自分から送り続け、相手の幸せを願う……そんな、「与え続ける愛」です。貧しいなかでも母から無条件の愛を注がれてきたことが大きく影響しているのではないでしょうか。

また、社会の不条理に対する批判を込めていくつかの映画を製作していますが、母の姿（働けど働けど暮らしが成り立たず、経済的に苦労の連続で、精神さえむしばまれてしまった姿）

を見て育ったことが彼の作品に影響を与えているのでしょう。

彼は映画づくりにおいて、子どもたちを喜ばすことを重視していました。

子どもたちを喜ばすことを非常に大切にしていたのは、母親と過ごした屋根裏部屋の楽しいひとときがあったからかもしれません。貧乏生活などすっかり忘れて、母の演技に引き込まれ、笑い転げていたあの時間が本当に幸せだったから、チャップリンも子どもたちに「何もかも忘れて楽しめる時間」をプレゼントしたかったのかもしれません。


チャップリンは自伝の中で母親のことを次のように書いています。

「彼女が、その生涯の重荷を、明るい心で耐えてきたことだけは確信を持って言える。親切と思いやりとが、特に目立った長所だった。（中略）ずいぶんひどい貧乏暮らしを余儀《よぎ》なくされていたが、私と兄だけは、なんとか街の空気に染まらないようにしてくれた。つまり、私たちの心にそんじょそこらのただの貧乏の産物ではなく、ユニークな、そして別の人間であるという誇りを植えつけてくれたのだった」

正観コラム

肯定的反応

親が子どもに対してどのような反応の仕方を見せるか、ということが、その子どもの人格形成に大きくかかわってきます。

たとえば、朝、雨が降っていたとする。子どもの前でこう言ったとします。

「あ～あ、今日もまた雨だわ。もう嫌になっちゃう。洗濯物は乾かないし、家の中はジメジメするし……」

その言葉を聞いていた子どもは、

「雨というものは、嫌なもので、嫌うべきものなのだ」

というふうに教え込まれます。

同じ雨に対して、違う反応を示したとします。

「ああ、雨が降って、植物さんたちが喜んでいるね。植物さんは酸素を出してくれるので、私たちにとって、大事な存在なのよ。雨が降って、植物さんが元気に育ってくれるのは、ありがたいね」

というような言い方を子どもにしていったら、どうでしょうか。

子どもは、雨というものを決して嫌なものではなく、ありがたいものである、という認識で育っていくことになります。

晴れたら晴れたで、

「今日はお天気がよくて嬉しいわ。洗濯物は乾くし、動物たちも喜んでいるね」

というような喜びを表現していく。

親の反応を繰り返し見ることによって、子どもはその反応を身につけていきます。

親が、肯定的な反応をして、起きたことを喜び、幸せにとらえられるような考え方、感じ方を子どもに示すことができたら、子どもはより肯定的なものの考え方になり、喜びをいつも見つけ、たくさんのものに感謝する人になっていくことでしょう。

親は生きている見本、手本になるのです。

4
福沢諭吉

周囲の価値観に
とらわれなかった母親

お母さんがそう言ってくだされば、
誰が何と言っても怖いことはない

啓蒙思想家・教育者・慶應義塾の創立者
1835年1月10日〜1901年2月3日（66歳）

福沢諭吉《ふくざわゆきち》について

慶應義塾《けいおうぎじゅく》の創立者として有名な福沢諭吉。彼は幕末から明治にかけての大変動の時代を生き、新しい日本づくりに大きな影響を与えました。66歳の生涯でしたが、人生の前半33年を江戸時代に、後半33年を明治時代に生きています。

諭吉は、開国前に、勝海舟《かつかいしゅう》率いる遣米使節団の一行に参加してアメリカへ渡っています。帰国後は、外国方（現在の外務省）に勤め、その後もヨーロッパとアメリカに渡っています。欧米諸国の進んだ文明を見てきた諭吉は、その様子や入手した情報を本に書き、日本の人々に知らせました。

最初に書かれたのが『西洋事情』。この本が出た翌年、第15代将軍、徳川慶喜《とくがわよしのぶ》の大政奉還によって、２６５年にわたる徳川幕府は終わりを告げています。その徳川慶喜も、『西洋事情』を読んで、世界の大勢《たいせい》に精通していたとのこと。

『西洋事情』は、一般の人々にも、欧米に対する知識を広めました。そして、当時の支配階級の人々にも衝撃を与え、明治政府の方向性を決定するほどの役割を果たします（士農工商の身分制度の廃止をはじめ、明治政府の新しい政策の多くは、諭吉の本に学んで採用した事実が指摘されています）。

1872(明治5)年に初編が出た『学問のすゝめ』も、多くの人に読まれました。「天は人の上に人を造らず、人の下に人を造らず……」という言葉で始まるこの本は、従来の身分制度にとらわれない自由なものの見方を示し、新しい時代に希望を持つ人々の心を揺さぶりました。『学問のすゝめ』は、17編の小冊子からなっていますが、初編だけでも20万部が売れています。17編全部を合わせると、340万部(偽版も含めた数)も売れたという大ベストセラー。当時の日本の総人口は、約3500万人ですから、驚く数字です。140年以上たった現在でも版を重ねているのですから、類を見ない超ロングセラーといっていいでしょう。

諭吉は、日本に「生命保険」や「西洋の簿記法」も紹介しています。「太陰暦」が廃止されて「太陽暦」が採用されれば、すぐに新しい暦《こよみ》についての解説書もまとめています。慶應義塾で教科書が必要になると、「物理学」でも「世界地理」でも「国語」でも書き上げていました。そのほか、通貨について解説した本、教育、政治、時事問題などについての本もあり、諭吉の著作全体は、ひとつの百科事典を構成しているかのようです。諭吉の本は、どれもわかりやすく書かれていました。当時、学者たちは、一般の人には難しい文章をわざわざ書いていました。それが自分に学のある証拠だとばかりに……。しかし、諭吉は、師であった緒方洪庵《おがたこうあん》の、「知識というものは、できるだけ多くの人々に分かち与えてこそ初めて役に立つ。だから、学者が本を書く場合も、誰にでもわかるように、できるだけ優しく書くのがいい。それが本当の学問

のあり方だ」という信念に賛同し、実行していました。優しく書かれた本だったからこそ、諭吉の本は多くの人に読まれ、親しまれたのでしょう。

福沢諭吉は「慣習」や「世間の常識」というものにとらわれない人でした。ものごとに執着しない諭吉は、頭の切り替えが実に早かった。そんな諭吉だからこそ、時代の変化に素早く対応し、新しい日本のリーダーに成り得たのでしょう。彼の生い立ちを見ると、諭吉の母親がまさしく、世間の常識や慣習にとらわれない人でした。

両親と諭吉の誕生

福沢諭吉の父親は、九州・豊前《ぶぜん》（大分県）中津藩《なかつはん》の家臣で、下級武士の階級でした。

彼は子どものころから学問好きで「学者」になりたいと思っていましたが、当時の日本には、厳しい身分制度があり、その夢は果たせませんでした。30歳のときに大阪在勤を命じられ、45歳までの15年間、大阪の「蔵屋敷」で、中津藩の財政資金を調達する仕事をしていました。

諭吉の母親は、中津藩士族の長女として生まれています。

諭吉は、父43歳、母31歳のときに生まれます。両親の間にはすでに、男児1人、女児3人の子どもがありました。諭吉は5人きょうだいの末っ子です。

諭吉が生まれた日は、学問好きな父親が、長年入手したいと望んでいた『上諭条例《じょうゆじょうれい》』という書物を手に入れた日でした（『上諭条例』とは、中国の清時代の法律書で、64冊ありました）。念願の本が手に入って大喜びしているところへ、男の子出産の喜びが重なったので、父親はこの『上諭条例』から「諭」の文字をとって「諭吉」と名付けました。諭吉の名前には、学問好きな父の思いが込められています。

父親は、元気に生まれてきた諭吉を見て、「この子が10歳くらいになったら寺にやって、坊主にする」と、よく話していました。諭吉を坊主（僧侶）にすると言った理由は、僧侶の世界にだけは、身分や家柄で地位が決まってしまう「門閥《もんばつ》制度」がなかったため。次男の諭吉には福沢家を継ぐ必要がないので、生まれた階級にかかわらず、知識と実力次第で認められる僧侶の世界で生きる可能性を与えてやりたかったのです。

しかし、その父親は45歳のとき、諭吉が生まれて1年半後に脳溢血《のういっけつ》で亡くなってしまいます。そのため、諭吉を僧侶にする話は消えてしまいました。

福沢一家は、大阪にいられなくなり、母親は幼い子ども5人を連れて、故郷の中津（現在の大分県中津市）へ帰りました。中津で諭吉たちを待っていた住居は、荒れ果てた狭い家。母親は、5人の子どもの世話をしながら、家の修繕、炊事、洗濯、掃除……とよく働きました。

諭吉の母親は、くよくよしない朗《ほが》らかな働き者でした。さっぱりとしたおおらかな人柄であ

り、子どもたちを慈しんで育てます。諭吉はそんな母親の姿を見ながら成長していきました。
諭吉は、父親の顔も覚えていませんでしたが、父の教えや生き方は諭吉に伝わっていました。それは、母親が夫の素晴らしい面を、毎日のように子どもたちに話して聞かせてくれていたため。福沢家では、父親は（実際にはいなくても）いるようなものだったと諭吉は語っています。

身分制度にとらわれない母の姿

諭吉の母親は、幼い諭吉の目から見ても、中津の人々とはずいぶん違っていました。たとえば……。

当時、中津にはチエという女性がいました。チエの着物はボロボロ、髪はボウボウ、その髪にはシラミがウヨウヨしていました。チエはいつも街中を歩いて、物をもらっています。街の中で、チエの存在を知らない者はいないほどでした。しかし、チエをまともに相手にする人はいません。

諭吉の母親は、天気のいい日にチエが通ると、「こっちに入っておいで」と声をかけ、庭に呼び込んで、チエのシラミ取りを始めます。そんなとき、母親は諭吉を呼び、取ったシラミを石の上でつぶすように言いました。母親がシラミを取ると、石の上に置きます。そのシラミを打ちつぶすのが諭吉の役目。50も１００ものシラミを、取れるだけ取ってつぶすのです。それが終わると、母親はチエに「シラミを取らせてくれたほうび」として、ご飯をあげていました。

諭吉は、子ども心にも、このシラミつぶしは汚くてたまらなかったとのこと。しかし、母親は「取ってもらえば気持ちがいいでしょう。チエは自分でそれができないのですよ。できる人ができない人のためにしてあげる。それが当たり前だと思いますよ」と言っていました。

当時、中津の人々は、「士農工商」を明確に分けた生活をしており、武士の階級の中でさえ、上級武士は、下級武士に対してずいぶん威張《いば》った態度や言葉遣いをしていた時代でした。しかし、諭吉の母は、「士農工商」よりさらに低い身分の人たちや、「こじき」と呼ばれる人たちに対しても、差別なく接していました。誰に対しても、偉ぶることなく、言葉も本当に丁寧だったといいます。当時の人間としてはたいへん珍しいことでした。

諭吉は、のちに「天は人の上に人を造らず、人の下に人を造らず……」と、生まれながらにして人は平等であることや、従来の身分制度にとらわれない自由なものの見方を説きます。彼がそういう思想を持った原点には、封建制度の厳しい江戸時代の中津においても、階級にとらわれず人と接する母親の姿があったのかもしれません。

「世間の常識」や「風習」にとらわれない諭吉少年

これは、諭吉が少年のころのエピソードです。

当時、藩の下級武士たちは、酒や油、しょうゆを自分で街へ買いにいかなければなりませんでした。使用人を雇う余裕も、まとめて買っておく金銭的な余裕もないため、さしあたって必要な分だけを自分で買いにいくのです。中津藩の武士たちの間では、そういう場合、薄暗くなってから頬《ほお》かむりをしてそっと買い物に出かけるという風習がありました。

しかし、諭吉は頬かむりが大嫌いで、したことがありません。母親から買い物を頼まれると、頭も顔も丸出しで、昼間から堂々と店に行きます。

まわりの人たちは、そんな諭吉を「武士にあるまじき……」と見ていました。しかし、諭吉は、「頬かむりをしてコソコソ行くほうが変だ。自分のお金を払って必要なものを買うのに、何が恥ずかしいことがあるものか」と思っていました。

諭吉のすごいところは、そう思うだけではなく、たとえ自分ひとりであっても、自分が「よし」と思うことを実行してしまうところ。昼間の買い物を続けられたということは、母親も諭吉の行動をとがめていなかったのでしょう。

諭吉は子どものころから、自分なりの考えを持って行動しており、その行動は当時の風習や常識の枠から外れていることがありました。しかし母親は、そのことに対して叱ったり批判したりしませんでした。「世間の常識や風習にとらわれない」という諭吉の個性は、あの時代の日本においてもつぶされることなく成長していきました。

諭吉少年が夢中になっていたこと

諭吉は、手先が器用で、工夫することが得意な子どもでした。たとえば、井戸に物が落ちたと聞けば、どういうふうにすれば拾えるかを考えて、拾う道具をつくります。たんすの錠が開かないと聞けば、釘の先をいろいろと曲げて、ついには開けてしまいます。障子は、親類の家の分も頼まれて張っていました。普通ならば職人に頼むような仕事も、諭吉が引き受けてやっていました。器用な諭吉にはこれらの仕事が面白くて仕方がありません。

年を重ねるにしたがって、諭吉の仕事はだんだん増えていきました。畳表《たたみおもて》をつけ替えたり、屋根の雨漏りを修理したり。さらには、本当の内職も始めます。下駄《げた》をつくったり、刀の細工をしたりと、諭吉は本当によく働きました。

当時は、現代のような義務教育ではありませんでしたが、武士の子どもたちは7歳くらいになると塾に通っていました。しかし、ほかの子どもたちが塾に通い始めても、諭吉は毎日、物を修理したりつくったりして、福沢家の日常生活を支える仕事を楽しんでいました。

諭吉は、幼いころ少しだけ漢籍《かんせき》を読み始めたことがありました。しかし、本を読むことを好きになれなかったようで、それっきり読まず、手習いもしていません。

塾に通うのが当たり前の世の中であっても、「行きたいと思わなければ行かない」というのが諭吉でした。母親も「そろそろ、ほかの子どもたちのように、塾に行きなさい」とか「勉強をしなさい」とは言いませんでした。母親は、諭吉が楽しんでいることを止めたりしないで、自由にやらせてくれていたのです。

諭吉が貧しい福沢家の家計を助けていたことも事実でしょうが、やがて諭吉が「本を読みたい。塾で学びたい」と言ったときには、気持ちよく許可していますから、貧しいことが、塾通いをさせなかった理由ではないようです。母親は、行きたがらない息子に無理に塾通いをさせるより、やりたいことをやらせることのほうが、価値があると考えていたのかもしれません。

実際、諭吉にとって、物をつくったり修理したりすることは、集中力を養い、手や知恵を使う、いい勉強になりました。自分で材料を用意し、確かめて、試して、工夫してつくり出していく……少年時代にこの経験を重ねることができたことは、諭吉の財産になりました。

諭吉の塾デビュー

それから数年後。福沢家は、それまで住んでいた家より2倍ほど広くて明るい家に引っ越しました。ちなみに、その家が「福沢諭吉の家」として今も残されている家です。

広い家に移って福沢家の生活が少し落ち着いたころ、諭吉はふと、まわりの子どもたちはみんな本を読めるのに自分だけが読めないことに気づきます。諭吉の中に、「本を読めるようになりたい」という気持ちが湧いてきました。これが13、14歳のころ。

勉強する気になった諭吉は、塾に通い始めました。のちに『学問のすゝめ』を書いて学問の大切さを説いた諭吉でしたが、彼が学問を始めたのは、ほかと比べるとかなり遅い時期でした。約6年の遅れです。

しかし、ここからがすごい。幼いころは本が嫌いだった諭吉ですが、塾に通い始めて本を読んでみると、その面白さに引き込まれました。学ぶことが楽しくなり、熱心に勉強をするようになります。小さな子どもたちに交じって簡単な書物を読むところから始めましたが、やがて同い年の者のレベルに追いつき、追い越し、そして先生を負かすほどの理解力を見せるようになりました。こうして、4年ほどあとには、本人の言葉によると〝漢学者の前座ぐらい〟になったとのこと。

めきめきと力をつけていったのは、本当にやる気になってから始めたからでしょう。本人の中に「本を読みたい、学びたい」という気持ちが生まれていなかったら、こうはいきません。こうして見てみると、諭吉は、家事労働をしたいときは家事労働をする、本を読みたくなったら本を読む……というように、自分の欲することを思いっきりやって、楽しみながら力をつけていったことがわかります。そういう諭吉を母親も受容しています。

ついでながら……。『学問のすゝめ』を書いた諭吉ですが、子どもの教育法として、いわゆる幼いころからの英才教育というものをすすめているわけではありません。諭吉も自分の子どもたちに強いて読書をさせていません。それよりも「まず体を丈夫にして、そのあとに人心を養う」というのが諭吉の主義でした。

諭吉はのちに、男児5人、女児4人、合計9人の子の親となりますが、子育てにおいて、子どもの活動を妨げないことを大切にしました。たいていのところまでは子どもの自由に任せます。障子を破ったり道具を傷つけたりするなどということは見逃してやります。また、大きな声で叱ったり、手を上げたりすることもありませんでした。子育てはあまり厳重にしないほうがいいというのが、諭吉の考えでした。そういう考えに至ったのは、諭吉自身がそうやって育てられたためかもしれません。

厳しい身分制度のもとで

少年時代に話を戻します。塾に通うようになった諭吉には、たいへん不快に思えることがありました。当時中津藩では、子どもの世界でも身分による区別がきっちりなされていました。上級武士（上士）の子どもは、下級武士（下士）の子どもを見下げて威張り散らします。

たとえば、上士の子が道を通るとき、下士の子は必ず脇にどいて頭を下げなければなりません。言葉遣いも、下士の子は、上士の子に向かって「あなた」と呼びかけ、ものを教えるときは、「こうなさいませ」と言いますが、上士の子は下士の子に向かって「きさま」と呼びかけ、「こうしろ」と言うわけです。始終この調子です。

厳しい身分の差を見せつけられて、下士の子の諭吉は面白くありませんでした。学問でも腕力でもこちらが勝っているのに、上士の子にペコペコしなければならないのです。子どもの付き合いにまで身分制度がつきまとう中津での生活は、諭吉にとって窮屈《きゅうくつ》で不愉快でたまりません。

そこへ、兄から「長崎へ行ってオランダ語を学ばないか」という話が持ち込まれます。諭吉が19歳のときです。ペリーの黒船艦隊が日本に来航した翌年でした。

諭吉は兄の提案を喜んで承諾しました。実は、窮屈な中津から出られるのならば、何でもよ

かったのです。こうして諭吉は、長崎へオランダ語の勉強をしにいきます。

当時、鎖国中の日本にとって、長崎は唯一、海外と交流している場所でした。諭吉は自分の目で蒸気船を目の当《ま》たりにし、オランダ語の原文を見ることで、西洋の産業革命の質の高さを知ります。激動する世界情勢も感じました。

長崎で1年間学んだあと、大阪の「適塾《てきじゅく》」に通います。「適塾」は日本一の蘭学者、緒方洪庵が開いた塾です。身分などに関係なく、自由に学べるとてもよいところで、日本中から多くの若者が集まって学んでいました。諭吉は、寝食を忘れるほど猛勉強をして、蘭学（オランダの学問）の力をつけていきました。

諭吉に好きな道を歩ませた母親

諭吉の母親の素晴らしいエピソードを紹介します。

諭吉が大阪の「適塾」で学んでいたある日、諭吉の兄（福沢家の長男）が、病気で亡くなってしまいました。知らせを受けた諭吉が慌てて中津へ帰ると、兄の葬式はすでに終わっていて、諭吉が福沢家を継ぐことが決められていました。諭吉が21歳のときです。

皆は、諭吉に「家督《かとく》を継げてよかった」と口々に言うのですが、諭吉にとって、それはよいことではありません。「福沢家を継ぐ」ということは、封建制度の厳しい中津藩で身分制度に縛られて「下士」として一生を送るということです。日常の勤めがあるので、今までのように自由に学びにいくこともできません。大阪の自由な雰囲気のなかで、思いっきり蘭学を学んでいた諭吉にとって、それは耐えられないことでした。

しかし、さすがの諭吉も、藩の命令には背《そむ》けず、兄の死の喪《も》に服したあとは、藩士として城門警護の勤めをしました。心の中では、なんとかして大阪に戻って蘭学修業を続けたいと思っているものの、それが許されるような状況ではありませんでした。

諭吉は、叔父に何かの話のついでに、蘭学修業を続けたいことを少しだけ話してみました。すると、「けしからんことを申すではない！」と恐ろしい剣幕《けんまく》で叱りつけられました。叔父は、「家督を相続した以上は、奉公第一に努めるのが武士というものだ。オランダの学問をしたいとは、何たることだ。あきれかえった話だ」と言うのです。

諭吉が蘭学修業に出たがっているといううわさは、たちまち近所に広がってしまいます。あるときは、近所のおばあさんが、わざわざ諭吉の母親のところに来て、「諭吉さんが、また大阪に行きたがっているらしいが、まさか、おまえさん、そんなことはさせないでしょう。再び出すなんてことは気違い沙汰《ざた》だ」と話す……こんな感じです。

諭吉は、思い余って、母親に自分の気持ちを打ち明けました。

自分は今、こんな状況で修業をしている。この修業を続ければ、なんとかものになるだろうと思われる。しかし、中津藩にいたら、朽《く》ち果ててしまう。どんなことがあっても、自分は中津で朽ち果てようとは思わない。お母様は寂しいだろうが、どうか、私を手放してくださらぬか。私が生まれたときにお父様は私を寺の坊主にするとおっしゃったそうですから、私は今から寺の小僧になったと思ってあきらめてください、と。

するとそれを聞いた母親は、なんと、

「よろしい。兄は死んだが、死んだものは仕方ない。お前もまたよそに行って死ぬかもしれないが、生き死にのことは一切言わない。どこへでも出ていきなさい」

と、言ってくれました。

当時の中津の封建社会のことを思うと、福沢家に「嫁」に来た立場の母親が、この申し出を認めるということは、まず考えられないことでした。そんなことを許したら、その後、親戚のみならず、藩内で何を言われ続けるかわかりません。

このとき母親は50歳を過ぎていました。病死した長男の娘（3歳）も抱えている状態のなか、家督を継いだ次男までもが家を出たいと言うのです。若くして夫を失い、貧しいなかで5人の子どもを育て上げ、やっとこれから少し楽になれる……そんな矢先のできごと。それでも、諭吉の母は、息子の気持ちをわかってやって、あっさりと「出ていっていい」と言っています。

諭吉は、母さえ承知してくれれば、誰が何と言っても怖くない……そういう思いで、自分の気持ちを打ち明けていました。その母親が了解してくれたおかげで、再び大阪の「適塾」に戻ることができ、そこで蘭学を思いっきり学ぶことができました。

大阪に戻った諭吉は、猛烈に勉強し、当時日本一と言われた「適塾」の塾長にまでなります（塾長になれるのは、いちばん実力がある学生）。

そして、その力を見込まれて、江戸の中津藩邸で塾を開いて教えることになります。これが、のちに「慶応義塾」となります。さらに、開国に先駆けてアメリカへ2回、ヨーロッパへ1回視察にいき、多くのことを吸収して日本にそれを伝え、日本の文明開化に大きな役割を果たしました。

諭吉は、幕末から明治維新にかけての大激動の時代に、その変化にいち早く対応し、新しい時代のリーダーになっていったのです。

母が与えてくれたもの

兄の死後、蘭学修業を続けたいという諭吉の申し出を母親が断っていたら、諭吉はその後の人生であれほどの才能を発揮できなかったでしょう。多くのことを学んで人に伝えたり、人を育てたりする生き方はできなかったに違いありません。日本の文明開化も、違ったものになっていたかもしれません。

しかし、諭吉の母親は、諭吉がこれらのことを成し遂げるだろうと予想して申し出を承諾したわけではないと思われます。ただ、「どうしても大阪に行って勉強をしたいんだ」と話す諭吉の気持ちをわかって、気持ちよく送り出してくれたのです。

まわりにいたほかの大人たちのように、「蘭学なんて学んで何になるんだ！」「家臣としての務めはどうするつもりだ！」と、非難することはありませんでした。

また、「母さんを見捨てて行かないでおくれ」とすがったりもしませんでした。

子どもがどんな力を秘めているかは、計り知れません。飛び立ちたいと考えている子どもがいたら、あれこれ評価するのではなく、「どうぞ飛び立っていきなさい」と手放してやれるだけの度量を持ってみたいものです。

「子育て」というのは、「弓矢を引いて放つこと」に似ているといわれています。

ほんの少し引いただけならば、弓矢もほんの少ししか飛びません。十分引いた弓矢は、思いっきり遠くに飛び立っていくことができます。また、手を離さなければ、矢は飛んでいくことができません。

「弓矢を引く」期間が、子どもが飛び立つ準備をする期間です。その期間に、親が子どもにしてあげられることは、その子らしさを認め、十分な愛情を注ぎ、慈しんで育てること。手放したあとに、「あれもやってあげればよかった、これもやってあげればよかった」と後悔しなくていいように……。そして、「矢を放つ」ときがきたら、いつまでも握っていないで、思いきって手放してやること。そうすると、十分愛情を注がれて育った子どもは、自分の力で飛び立っていきます。

この「手放す」ということが意外に難しい。

さて、自分の子育てはどうでしょう（どうだったでしょう）？

諭吉の母親は、諭吉が幼いころからその言動を理解し、慈しんで育てました。そして、飛び立ちたいという意志を打ち明けると、気持ちよく手放しました。まさに、十分、弓矢を引き、それを思いきって「手放す」子育てをした人のように思います。

そのおかげで、諭吉は自分の進みたい方向に飛び立っていくことができました。

ちなみに、諭吉は、１８７０（明治３）年に母親を中津から東京に迎えています。母親は晩年の数年を、天下に名を馳《は》せている息子と共に過ごすことができました。

正観コラム

寺こ屋

何十人かの学校の先生に、「てらこや」を漢字で書いてもらいました。

多くの方が「寺小屋」とお書きになりました。正しくは「寺子屋」です。

「寺」の「小屋」というのは、「寺の中に小屋がけして学校のようなものをつくったのだろう」という発想からくるのかもしれません。「囲った所」「場所」のほうに重点があると、「寺小屋」になるような気がします。

本当は「寺子屋」だったのですが、「寺の境内《けいだい》で遊んでいる子」が「寺子」。その「寺子」を集めて「読み書きソロバン」を教えたところが「寺子屋」でした。

「寺」の「小屋」、ではなく、「寺子」の「屋」だったのです。

「寺子」の「屋」のほうには、愛情が感じられます。「寺にかかわり、寺の境内で遊んでいる子はすべて、仏様の子。その〝寺子〟に最低限のものを教えよう」というのが「寺子・屋」ですから、温かさや優しさにあふれています。

ここでは「競う」ことも「比べる」ことも「争う」こともありませんでした。

覚えてもらうこと、が主眼。「教育」の中から「競う」「比べる」がなくなったら、どれほどの子（寺子）が元気を取り戻すことでしょう。

5
ライト兄弟

子どもが興味を持ったことを十分やらせた親

幸運なことに、子どもが知的興味を追求し、
好奇心を抱くものを研究するように、
いつも励ましてくれた

発明家
兄：ウィルバー・ライト　1867年4月16日～1912年5月30日（45歳）
弟：オーヴィル・ライト　1871年8月19日～1948年1月30日（76歳）

ライト兄弟について

「初めて飛行機をつくった人物」として有名なライト兄弟。

兄のウィルバーと弟のオーヴィルは、自転車店を営みながら、飛行機の研究と実験を繰り返し、ついに1903年12月17日に人類初の動力飛行に成功しました。兄のウィルバーは36歳、弟のオーヴィルは32歳でした。今から100年以上も前のことです。

空を飛ぶことを夢見て挑戦した人は、それまでにも数多くいました。その中には、実験の途中で「墜落死」というかたちで貴重な命を落とした人が何人もいました。また、夢をあきらめた人たちもいました。

世界の多くの人が研究し、まだ成し得ていなかった偉業を果たしたライト兄弟。

飛行機の発明後、世間の人々は、ライト兄弟が科学や工学の専門教育を何も受けていないことを知って驚きました。兄は高校を中退しています。弟については「高校中退」「高校卒業」の2つの説がありますが、いずれにしても2人とも大学へは行っていません。ましてや、大学院や研究室で研究をしていたわけでもありません。

彼らは、必要な知識や情報は自分たちで集め、自分たちで一つひとつ実験を積み重ねていったのでした。つまり、すべて独学で学んだのです。

当時、「動力有人飛行に成功」ということが、いかにすごいことだったかを物語るエピソードがあります。

ライト兄弟の人類史上初の快挙が世間に認められるには、1年かかりました。初飛行後、ライト兄弟があちこちの新聞社に「動力有人飛行に成功」という電報を打ちましたが、ほとんどの新聞社が無視をして取り上げなかったのです。

なぜか。

同じころ、アメリカの代表的科学者であるラングレー教授（アメリカの科学の殿堂である、ワシントンのスミソニアン協会会長）が、アメリカ政府から巨額の資金援助を受けて、動力有人飛行機の開発をしていました。ラングレー教授の研究には、政府も一般の人々も大きな期待をかけていました。

その教授の飛行実験が行われたのが、1903年の10月と12月。しかし、多くの報道陣が見守るなか、この教授の飛行実験は2回とも完全な失敗に終わっていました。期待が大きかっただけに、人々のショックは大きく、政府はラングレー教授への資金援助を打ち切りました。教授も二度と飛行機をつくらないと宣言しています。

ライト兄弟の初飛行成功のニュースは、その直後でしたから、「ラングレー教授でも飛べな

かったのに、田舎の自転車店が成功するわけがない」と人々は思い込んだようです。

専門的知識を持った教授たちが莫大な資金を使って日夜研究に励んでも成功しなかったのに、ライト兄弟は自転車店を営みながらその合間に研究を重ね、資金も自分たちで捻出《ねんしゅつ》し、部品も自分たちでつくって見事に飛行に成功したのですから、信じがたい快挙でした。

ライト兄弟は、2人とも、子どものころから物をつくったり修理したりすることが大好きでした。弟のオーヴィルは、自分の子ども時代を振り返って、

「幸運なことに、子どもが知的興味を追求し、好奇心を抱くものを研究するように、いつもまわりが励ましてくれた。もしも違った環境で育っていたら、ぼくたちの好奇心は、実を結ぶずっと前に摘み取られていたかもしれない」

と語っています。

彼らの育った環境、彼らの少年時代とはどのようなものだったのでしょう。

ライト兄弟の家族

ライト兄弟の父親は牧師でした。教会学校の校長と教師が本業で、開拓地を回って伝道する

巡回牧師も兼ねていました。そのため、地方へ旅に出て、家を留守にすることがたびたびありました。また、教会が発行している週刊誌の編集もしており、家にいるときは夜遅くまで原稿を書いたり本を読んだりしていました。とにかく多忙で、父親には家のことをしたり子どもの相手をしたりする時間がほとんどありません。そのため、家の切り盛りは、ほとんど母親がしていました。

ライト兄弟の母親は、この時代の女性としては珍しく、大学に進学しています。彼女は優秀な学生で、特に数学や科学に関心を寄せていました。大学在学中に結婚し、卒業を間近にしながら退学しています。

彼女は、几帳面《きちょうめん》で働き者でした。ライト家一切の家事や子どもの世話が彼女の肩にかかっていましたが、それらを手際よく片付けていました。

また、手先が器用で、修理の名人でもありました。ミシンなどのちょっとした機械の故障なら簡単に直してしまいます。物をつくることも好きで、台所用品や家庭内で使う道具、子どもたちのおもちゃや洋服など、ライト家は母親の手製の品であふれていました。物をつくるときは、形や用途を考えて正確な図面を描いてからつくっていたとのこと。ライト家の子どもたちは、そんな母親の姿を見て育ちます。

ライト兄弟の父親と母親との間には、7人の子どもが生まれています。

1番目と2番目は男の子で、2人は早くから寄宿学校に入り、大学も卒業し、結婚して家を出ました。

3番目と4番目の子どもが、ウィルバーとオーヴィル（いわゆる「ライト兄弟」です）。この4歳違いの兄弟は、上の2人の兄とは年齢が離れていたこともあって、いつも一緒に遊んでいました。そのあとに妹、その下に双子の妹が生まれますが、双子の妹たちは生後間もなく亡くなっています。

機械好きな少年たち

ライト兄弟は、幼いころから好奇心が強く、特に「機械」には、たいへん興味を持っていました。

幼いころ、母親に連れられてたびたび母親の実家へ行きましたが、2人は祖父が使っていた〝木工用の足踏み旋盤《せんばん》〟を見ることを楽しみにしていました。

旋盤が回り出すと2人の目は吸いつけられるように祖父の手元を見つめました。弟のオーヴィルは、のちに本の中で次のように語っています。

「機械というものは、手でつくったら何時間も何日もかかるものを、あっという間に、しかもきれいにつくってしまう不思議なもので、それは、私たちの目に焼きついて、一生離れることがなかった。私たちを『物をつくること』にかりたてたのは、あの旋盤だったような気がする」と。その木工用の足踏み旋盤が、2人が生まれて初めて見た「機械」でした。彼らの「機械好き」は、祖父、そして母親譲りだったといえそうです。

ライト兄弟は子どものころ、「2人の宝箱」を持っていました。その中に、古クギやネジ、のびたぜんまいや針金、壊れた時計の部品などを大切にしまっていました。彼らは屑《くず》置き場に行ってそういうガラクタを拾ってくるのです。それらの部品を磨きながら、「これで何かをつくりたいね」と話していました。

息子たちが汚いガラクタをどれだけ家に持ち込んでも、父親や母親は嫌がりませんでした。台所を作業場として使われても叱りませんでしたし、途中でやめさせることもありませんでした。

ライト家は、父親の仕事の関係で一家をあげて3回引っ越しをしています。どこへ引っ越しても、ライト家には子どもの実験と工作場を兼ねた場所がつくられました。

これは、子どもの興味や関心に対する親の理解の表れでしょう。

幼稚園をズル休みしていたオーヴィル

弟のオーヴィルが、5歳になって幼稚園に通い始めたころの話が伝えられています。

ある日、母親は先生から「オーヴィルが何日も幼稚園に来ていない」と聞かされます。

実は、オーヴィルは「行ってきます」と家を出たあと、幼稚園へは行かず、毎日、年下の友だちの家に上がり込んでいました。その家には壊れたミシンがあり、オーヴィルと友だちは油の差し口に水をたらして機械を動かそうとしていました。オーヴィルは機械いじりが大好きな子どもでしたから、楽しくて仕方がなかったのでしょう。

大人はこんなとき、「子どもの興味・関心」や「子どもの事情」ではなく、「大人の尺度」で見てしまいがちです。

「幼稚園に通い始めたばかりの息子が、何日間も幼稚園を無断で休んでいる」とか、「友だちの家に上がり込んで機械いじりをしている」ということで頭がいっぱいになり、「今からこんな調子で、この先、大丈夫だろうか」と不安になり、子どもを叱ってしまう。

ライト兄弟の母親は、このとき、息子の「ズル休み」をとがめませんでした。それは、科学的好奇心からのズル休みだったため。つまり、「なぜ行かなかったのか」ということをしっかり見ていたのです。

一見、「困った」と思える子どもたちの行動。しかし、そこには子どもなりの理由や事情があるわけです。そこを見ないで頭ごなしに叱ってしまうと、せっかく芽生えた「興味・関心」をつぶしてしまうことになりかねません。それは、たいへんもったいないこと。夢中になるということは、その分野で子どもの才能が大いに発揮される可能性があるということですから……。

もし、このとき母親が厳しく叱っていたら、オーヴィルは、それ以降、〝機械いじり〟を楽しめなかったかもしれません。または、大好きな〝機械いじり〟をやらなくなってしまったかもしれません。親の言葉や態度は、それほどの影響を子どもに与えることがあります。

「そうはいっても、親として、子どもに伝えたいこともある。何も言わずに見ているだけなんてどうしてもできない」という声が聞こえてきそうです。

そういう場合は、ひとつ方法があります。

これには「順番」があるのです。まず最初に子どもの言い分を聞いて、子どもの気持ちをわかることが先。親が伝えたいことを伝えるのはそのあとです。この「順番」が大切。

「まあ、そうだったの。それで、ミシンは動いたの？　どんなふうに試してみたの？」

とこちらが興味を持って質問してみたら、子どもは生き生きと話してくれるかもしれません。

そうやって子どもの気持ちを受け止めたあとで、こちらが伝えたいことを話してみる。

子どもたちは、「自分の気持ちや事情を聞いて受け止めてくれた人」の言うことならば、聞く耳を持ちます。怒鳴る人、怒る人の言うことは耳に入りません。

子どもの気持ちや事情を無視しないためにも、子どもの関心・興味をつぶさないためにも、そして親の思いを伝えるためにも、「まずは、子どもの気持ちや事情を聞いて、受け止めることが先」という順番を心がけることをおすすめします。

これは親子のコミュニケーションにおいてとても大切なことです。親が自分の気持ちに心を傾けてくれることは、子どもにとってたいへん嬉しいことなのです。

母親の教育方法

ライト兄弟の母親は、子どもたちが物を壊してしまったときに、決まって、同じ態度をとっていました。……それは、どんな態度か。

その前に、自分ならどうするかを思い浮かべてみると、違いが見えて面白いかもしれません。

たとえば、子どもが家の中の物を壊してしまったとき。
① 壊したことを叱る。

②親が直す。
③新しい物と取り替える。
……いろいろな対応が考えられます。

ライト兄弟の母親の対応は、①でも②でも③でもありませんでした。いつも決まって、こう言ったそうです。

「さあ、どうすれば直せるか、考えてごらん。あなたにもできるはずですよ」と。

「あなたが壊したんだから、あなたが直しなさい」と責めているのではありません。そうではなくて、「あなたにも直す力があるのよ」と子どもたちに伝えていました。

「必ず直せる」という母親の言葉は、息子たちに自信を与えました。2人はあれこれ考えて試して、本当に自分たちで直していきました。すると、自分たちで考えて直すことが次第に楽しくなっていったのです。そのうちに、壊れていないものまでわざわざ分解して、仕組みを調べ、そして組み立てるということを始めました。

「ああ、こういう仕掛けになっていたのか」……一つひとつ分解して、仕組みを知っていくことは楽しいことでした。このように自分の手で実際に道具や機械の仕組みを確かめた経験は、その後の物づくりに役立ちます。

ライト兄弟が、わざと道具や機械を分解して壊しても、母親や父親は、彼らを叱りませんでした。中の仕組みを知るために分解していることが、わかっていたためでしょう。夢中になって楽しんでいることをやめさせたりしなかったのです。

また、母親は日ごろから息子たちに、次のようにも言っていました。

「何でも、まず、自分で考えて工夫してみなさい」

「ひとつずつきちんと考えて積み重ねていけば、どんなに難しいと思えることでも必ずできますよ」

「不思議だなあと感じたことは、どんどん自分で調べてみなさい」

「親」という字は、「木」の上に「立」って「見」る、と書きます。「親」とは本来そういう役割なのでしょう。しかし、「見守る」ということは結構難しいものです。特に自分の得意分野のことだと、口を出したり、手伝ってしまったり、教えてしまったりしがちです。親としては指導しているつもりでも、実は、それらの行為は、子どもから「考える体験」「失敗する体験」「できたときの喜びを味わう体験」という貴重な機会を奪ってしまっているのです。

ライト兄弟の母親は器用な人でしたから、子どもが物を壊したときなど、自分で修理したほうが確実に早く直せたに違いないのですが、彼女は子どもから「修理するチャンス」を奪いませんでした。その代わりに子どもたちに「あなたにもできる力がある」ということを伝えています。ヒントを与えることはありましたが、基本的には子どもたちに考えさせました。

父親は多忙であり、いつも息子たちの近くにいたわけではありませんが、息子たちの才能を認めて励ましていました。一生懸命やれば必ずよい結果が得られるという信念を持った父親は、息子たちに、意欲と決意さえあれば目標を遂げられるのだと教えていました。ライト兄弟は、父親からの励ましにも感謝しています。

そんな彼らが工夫を凝《こ》らしてつくった物を、少し紹介しましょう。

まずは、幼いころにつくった雪遊び用の「ソリ」。スピードの出るソリが欲しかった彼らは、母親から「風の抵抗を少なくするといい」というヒントをもらいます。2人は、どうしたら風の抵抗を少なくできるかを考えて図面を描き、ソリをつくり上げました。方向を変えられるように、「舵《かじ》」をつけることも自分たちで考えました。こうしてできたソリは、ほかの誰のソリよりも速く、飛ぶように滑りました。

少し大きくなって新聞発行の仕事をしていたときのこと。彼らは新聞を「折る」という単純作業に飽きてしまいます。そこで、自分たちで「新聞を郵送用に折る機械」をつくり上げてしまいました。集めてきたガラクタを材料にして、見本もないのにつくってしまったのですから、驚きです。

さらに、1時間に1000ページも印刷できる「大きな印刷機」も2人で設計してつくっています。この材料もすべて廃品や中古品。これには、街の印刷屋も驚きました。

「こんなものがあったらいいなあ」……そう思ったものを次々とつくってしまう2人。

のちに、当時大流行だった自転車の修理を始めますが、修理の腕がいいので評判になります。そのうち中古品を改良して自分たちで自転車をつくり始めました。ライト兄弟がつくった自転車は、値段が安くて性能がよいため、人々に喜ばれました。

ライト兄弟の青少年時代

ここで、ライト兄弟それぞれの経歴を紹介します。

兄は、成績優秀でスポーツも万能でした。父親の跡を継いで教会の牧師になろうと考えて、大学進学を考えていました。

しかし、高校でアイスホッケーの選手をしていたとき（18歳）、相手が振りかざしたスティックが顔に当たって大けがをしたことが原因で、高校を中退することになりました。

この事故で、上の歯をほとんど失い、下の歯も数本折れてしまいました。歯を失ったことで、ものを噛めなくなり、体を壊してしまいます。やがて傷はよくなり、義歯もつけたのですが、精神的に大きな痛手をこうむり、しばらくの間、立ち直れませんでした。もともと内気だった兄は、以前よりもっと閉じこもりがちになりました。

高校を中退した兄は、家の仕事を手伝ったり、部屋で本を読んだりするという生活を送りました。このときにいろいろな分野の本をたくさん読んだおかげで、兄は多くのことを学ぶことができました。このとき学んだことは、のちの飛行機研究にも大いに役立ちました。

大学に進学して牧師になるという夢はあきらめることになりましたが、この事故がきっかけで、発明家への扉が開いたのです。

弟は、〝新しいアイデアが泉のように湧き出てくる〟タイプでした。そして、学問よりも実用的な仕事が好きでした。

高校生のころ、印刷に夢中になり、小さな印刷機をつくったり、自分で新聞を発行したりします。印刷所も始めて、名刺やポスター、広告チラシなどの印刷を手がけます。この商売が繁盛して面白かったので、彼は大学に行く気になれなかったようです。

弟は、家に閉じこもっている兄にも新聞の仕事や印刷所の仕事を手伝ってもらうように働きかけました。２人は一緒に新聞を発行し、印刷所を営み、やがて自転車店の仕事を始めます。

子どものころから、共に暮らし、共に学び、共に働き、共に考えたというライト兄弟。銀行の口座も一緒なら、酒やタバコを口にしないところも同じでした。そして、2人とも結婚していません。

一方、性格は違いました。物静かで読書好きな兄と、ひょうきんで活発な弟。着るものに無頓着《むとんちゃく》な兄と、おしゃれな弟。

ちなみに、最初に飛行機をつくりたいと言い出したのは、兄のほうでした。

ライト兄弟の飛行機研究

空を飛ぶ夢を持った2人は、自転車店を営みながら、その合間に飛行機の研究をしました。ライト兄弟には、いわゆる「生活費」をつくる必要があったし、「飛行機の研究・開発費」をつくる必要があったので、春から秋までは自転車店の仕事をしていたのです。

まとまった時間をとって飛行実験ができたのは冬の間だけ。したがって、初飛行に成功したのも冬の12月です（冬の間は寒くて人々があまり自転車に乗らないため、自転車の修理や販売の仕事が多くはありませんでした）。教授や研究者たちのように、年中飛行機の研究・実験ができる状況ではありません。

そんな彼らの様子を見て、親しい友人たちは気が気でなかったようです。資金援助を申し出たり、スポンサーを募ってはどうかと提案したりしましたが、ライト兄弟は自分たちのペースを守りました。自転車店としての仕事を行い、必要な部品は自分たちで研究してつくり、何度も2人で話し合い、実験を繰り返しながら、一歩一歩研究を進めました。ちなみに、自転車店としての腕・技術は、飛行機づくりにたいへん役立ちました。

ライト兄弟は、飛行実験を進めていくうちに、「飛行機研究者たちがやってきた、それまでの常識」のなかに、重大な間違いがいくつもあることを発見します。2人は、愕然《がくぜん》としながらも、それまでの飛行機に関する知識を洗いざらい調べ直しました。

「常識」とされていたことでさえ鵜《う》呑《の》みにしないで、自分で考えたり確かめたりする姿勢があったからこそ、ライト兄弟はそれまで誰も成し得ていなかった「動力飛行」に成功することができたのです。

ライト兄弟は、科学や工学の専門的な教育を受けていたわけではありません。そのことを人々は不思議がりましたが、彼らがやっていたことは、子どものころから両親に言われていたことでした。すなわち、徹底的に考えること、調べること、そして実際に試すこと。

実験の途中、「このままでは、人類はあと1000年空を飛べないのではないか……」と思ったことがあったそうです。しかし、気持ちを取り直して地道な実験を積み重ねていけたのは、幼いころから母に繰り返し言われていた言葉、「よく考えて一つひとつ積み重ねていけば、できるはず」が、彼らの奥底にあったためかもしれません。

アイデアが泉のように湧き出てくる弟と、幅広く勉強し、知力、才能に優れた兄。幼いころから、理解ある両親のもとで、つくる楽しさ、工夫する楽しさを共有していた2人。1人ではなく2人で追いかけた夢だったから、途中であきらめることなく果たせたのかもしれません。

母親は、58歳で亡くなったため、息子たちの成功を見届けることはできませんでしたが、父親は88歳まで長生きして、息子の操縦《そうじゅう》する飛行機に乗るという体験を味わうことができました。

正観コラム

生まれる前の記憶

40年の間に、22人の「生まれる前の記憶を持った子ども」に会いました。いずれも3歳児です。その子どもたちは全員、「上からお母さんを見下ろしていた」と話してくれました。

子どもたちに「生まれる前の状況」を聞いてみたところ、

「お母さんが寂しそうだから、励ましてあげようと思った」

「お母さんが泣いていたので、味方をしてあげようと思った」

「お母さんが1人だったので、話し相手になってあげようと思った」

と、表現の違いはあるものの、すべての子が、母親を選び、味方になりたいと思って生まれてきたというのです。


この22人の子どもたちは、住んでいる場所も違えば、知り合いでもありません。親同士も知り合いではありませんでした。それなのに、「生まれる前の記憶」として、全員が同じことを話してくれたのが興味深い。

もしかしたら、すべての子どもたちが、母親を選んで生まれてきているのかもしれません。

ちなみに、西暦2001年以降は、

「お母さんが楽しそうにしていたので、この家に生まれたら楽しいだろうと思った」

「お母さんが優しそうだったから、この人のところに生まれたいと思った」

など、〝喜び〟型、〝幸せ〟型で生まれてくる子どもが増えているようです。


あるお母さんが、こう話しておられました。

「このことを知ってしまったら、子どもを怒れなくなりました」

私がお会いした、この22組の親子関係は、すべて温かくおだやかでした。

生まれる前の記憶を覚えているのは3歳くらいの子どものようですので（もちろん全員が覚えているわけではありませんが）、興味のある方は、お子さんにたずねてみてもいいかもしれません。

6

野口英世

子どもの生きる道を
全力で応援した母親

自分から見たら、お母さんは
この世にまたとない神様のような人です

細菌学者・医学博士・理学博士
1876 年 11 月 9 日～ 1928 年 5 月 21 日（51 歳）

野口英世《のぐちひでよ》について

野口英世は、国境を越え、多くの人の命を救った細菌学者です。

貧しくて大学へ行けなかった英世は、医者の家に住み込んで働きながら猛勉強し、「医術開業試験」に挑戦しました。そして大難関を突破し、20歳で「医師」の資格を得ます。

その後、「医学者（細菌学者）」の道を選び、日本一の細菌研究所「北里伝染病研究所」へ入所。しかし、日本には「学歴」や「派閥」の大きな壁があり、どれだけ自分が頑張っても限界があることを知ります。そこで、アメリカで「細菌学」の研究をすることを決意。24歳でアメリカへ渡りました。

英世は、アメリカの大学や研究所から呼ばれていたわけではなく、自分から押しかけたのです。アメリカ有数の医学部教授、フレキスナーを訪ね、大学の助手にしてほしいと頼みました。（フレキスナーが日本に来たときに、英世が「アメリカへ行って細菌学の研究をしたい」と伝えたことがありました。教授は、「役に立つことがあれば力になりましょう」と言ってくれたようですが、これは社交辞令であって、本当にやってくるとは思っていなかったとのこと）。突然現れた日本青年に、フレキスナーはたいへん驚きました。

大学にかけ合ってくれましたが、大学側の返事は「ＮＯ」。しかし、彼は、自分を頼ってはるばる日本からやってきた英世をほうっておけず、個人の助手として雇ってくれます。

夜も昼もなく研究に打ち込む英世に、フレキスナーは驚きます。その研究成果が認められ、英世は個人の助手から、大学の正式な助手になり、渡米2年後には、世界最高といわれた「ロックフェラー医学研究所」の研究員になります。

英世は「蛇毒《じゃどく》」研究において、解毒《げどく》に必要な血清《けっせい》治療法の全貌《ぜんぼう》を明らかにし、多くのアメリカ人の命を救いました。また、35歳のとき、世界の誰ひとりとしてできなかった「梅毒病原体の純粋培養」に成功。この研究によって、細菌学者・野口英世の名前は世界に知れわたります。

その後も、次々と病原体を発見し、たくさんの命を救いました。

41歳の夏から、「黄熱病《おうねつびょう》」の研究に参加。「黄熱病」が猛威《もうい》をふるっている南米、アフリカへ出かけて、研究を続けました。英世がつくったワクチンによって、「黄熱病」が激減し、行く先々で救世主のように喜ばれます。しかし、研究の最中に、英世自身が「黄熱病」に感染し、51歳でその生涯を終えました。

「その努力を　科学に捧げつくして　人類のために生ける彼は　人類のために死せり」

これは、アメリカにある英世の墓標に刻まれた言葉です。命をかけて研究を続けたヒデヨ・ノグチの姿は、今でも医学を目指す者に勇気と希望を与えているといいます。

貧農の家に生まれ、やがて「世界のノグチ」と言われるまでになった野口英世。彼が勉強や

研究に猛烈に打ち込む姿には、すさまじいものがあり、まわりの誰もが驚きました。英世は、「天才は勉強だ。勉強することが天才なのだ。誰よりも何倍も勉強する者、それが天才だ」と、言っていましたが、なるほど、英世のように一心不乱に打ち込めるのは、一種の才能だろうという気がします。

英世が、このように猛烈に勉強や研究に打ち込み、世界的な医学者になれた背景には、母親の存在がありました。

野口家の状況と、母の幼少時代

野口英世（幼名は「清作《せいさく》」ですが、この本では、「英世」で通します）の故郷は、福島県耶《や》麻《ま》郡翁島《おきなじま》村の三城潟《さんじょうがた》（今の猪苗代《いなわしろ》町）。翁島村の三城潟といえば、わずか30戸ばかりの貧しい農村でした。

野口家は、その三城潟の農村で、もっとも貧しい家でした。家の構えこそ大きいのですが、壁や屋根は朽ちており、腐り落ちた壁には筵《むしろ》がつり下げられていました。畳などはなく、床にはワラや筵が敷かれているだけ。雨の日には、家の中でも家族がひとつの雨傘の下に集まっていました。

野口家がそれほど貧しくなった理由は、2代続けて男児が生まれなかったため。農家なので、男の働き手は重要です。しかし、英世の母親の代にも、祖母の代にも、迎えた婿養子たちが畑仕事をほとんどしなかったため、野口家を支える働き手にはなりませんでした。英世の母親は、そんな野口家を子どものころから支えていました。

ここで、英世の母親、野口シカの生いたちを簡単に見てみましょう。

シカはひとりっ子でした。2、3歳のころに、母親が家出をして消息不明になります。父も祖父も地方に奉公に出ていたので、祖母に育てられました。祖母はシカをかわいがり、日雇い仕事をしながら田畑も耕して一生懸命働きました。

祖母は、神仏をあつく信仰しており、「正直に働いてさえいれば、神様や仏様が助けてくださる。こうして元気にせっせと働けるのは、神様や仏様のおかげ」と話していました。シカは、生涯を通して「観音様」を信仰し、感謝の気持ちを忘れない人でしたが、それは祖母から受け継いだものでした。

その祖母も、シカが6歳になったころに体調を崩してしまいます。幼いシカは、自分が働く決心をして、近所の家で子守奉公を始めました。その奉公先は、近所でも評判の厳しいおかみがいる家。たいていの者は辛抱できず、3日と続いて勤めた者はいないほどでした。しかし、シカは辛抱強く耐えてよく働き、祖母が亡くなるまで、3年以上もの間働き続けました。

祖母が亡くなった翌年、シカが10歳のとき、母親が戻ってきます。父親は相変わらず奉公に出たり家に戻ったりの生活。母親は畑仕事をしない人だったので、シカが懸命に働いて田畑を耕し、暮らしを支えていました。

母の結婚と、英世の誕生

そんなシカが18歳のとき、野口家は婿養子を迎えます。婚期の早いその辺りでは、遅すぎるほどの結婚でしたが、貧しい野口家に婿養子に来てくれる人がなかなか見つからなかったということでしょう。

家を1人で支えていたシカは夫を迎え、「これで野口家を再興できる」と喜びました。しかし、シカの夫はたいへんな酒好きで、朝起きれば酒、昼にも酒、外に出れば酒、夜更けても酒という人。畑仕事はまるでしないうえ、自分が奉公に出て稼いだお金は、全部酒代にしてしまいます。シカが汗水流して働いたお金までも酒代にしていました。

夫は、賭け事にも手を出して負け続けました。借金がかさみ、ついに野口家の大切な田畑まで借金の抵当に入れてしまうことになります。野口家はシカが1人で働いていたときよりも苦しい生活になってしまいました。

この夫婦の1人目の子どもは、女の子でした。そのあとに、野口家待望の男の子「英世」が生まれます。シカが22歳のときです。

シカは、男児誕生をとても喜びました。「野口家に男の働き手が生まれた。これで野口家を立て直すことができる！」と。

子どもが生まれても、夫は相変わらず酒ばかり飲んでいたので、2人の子どもを抱えたシカの負担は、ますます重くなります。それでもシカは、夫に文句ひとつ言わず、「こんな貧しい家に婿に来てくれただけでもありがたい。そのおかげで子どもを授かった」と、感謝していたとのこと。英世誕生の11年後に、弟が生まれます。英世は3人きょうだいの真ん中でした。

英世のやけど

それは、英世が1歳5カ月の１８７８（明治11）年4月末のことでした。一年の中でももっとも忙しい農繁期で、英世の母は子どもたちを祖母に任せて、一日中畑仕事に出ていました。

1日の畑仕事を終えて母親が家へ戻ってきたとき、英世はワラで編んだ籠《かご》の中でぐっすり眠っていました。が、いつの間にか目覚めて籠から這《は》い出し、母親が目を離したすきに、囲炉裏《いろり》に転げ落ちてしまいます。

けたたましく泣き叫ぶ英世の声を聞いて、母親が慌てて駆け寄ったときには、英世の手足は熱い灰の中で焼けただれていました。

痛さに泣く英世の声は、いつまでも止まりませんでした。

村には医者がいないので、医者に診てもらうためには、猪苗代の町か、遠い若松の町まで行かなければなりません。どん底の生活では医者に払うお金もありませんでした。母は英世を、村の「千手院」に連れていき、法師にやけどの治療をしてもらいました。しかし、やってもらえたことは、「おまじない」の一種でした。

母親は、自分を責めました。「いくらよく寝ていたとはいえ、籠に入れたまま、囲炉裏の近くに置いておいたことが間違いだった」と。そして、一睡もせず、夜も昼も観音経《かんのんきょう》を唱え、21日間不眠不休で看護をしました。その甲斐あってか、右手と左足のやけどは治りました。しかし左手のやけどはひどく、親指は手首に癒着《ゆちゃく》し、ほかの指は手のひらに癒着して、手の先が棒のようになってしまいました。

「子守りを雇える余裕があったら、英世がこんなやけどを負うことはなかっただろう。せめて医者に診察してもらえるだけのお金があったら、これほどひどい傷にならなかったに違いない」と、貧乏暮らしのみじめさを痛いほど感じた母親は、「こうなった以上、この子の生涯は、どんなことがあっても私が養い通す。たとえ私が食べなくても養い通す」と固く心に誓いました。

母親は、それ以来、どこへ行くときも英世を背負って行きました。田で働くときは、英世を背負ったり、あぜに籠を置いたり、ハンモックのような仕掛けをつくって揺らしたりして、始終あやしながら働きました。雨の日は竹を地面に立てて、その上を筵で覆って雨風から守りました。

こうして、母親は以前にも増して働きます。死に物狂いになって働きます。母親の精神力は一層強くなり、「観音様」への信仰心はさらに深まっていきました。

村の子どもたちにいじめられて…

英世は、まだ幼いころは、自分の左手のことを気にしていませんでした。

しかし、成長して、村の子どもたちに笑われるようになると、左手の指が使えず、何をするにも右手しか使えないことを、悲しく恥ずかしく思うようになります。英世は、左手を着物の間や帯の下、後ろの腰のあたりに隠すようになりました。

村の子どもたちのいじめ方はひどいものでした。

英世の左手首が棒のようになっているのを見て、「手ん棒、手ん棒」とはやし立てます。

「お前の手は、指がなくて、何も持てない手だ」

「お前の家は貧乏だから医者に行けなくて手ん棒になったんだ。やあい。手ん棒、貧乏！」

友だちにそんなふうにののしられ、からかわれた英世は、こらえきれなくなって、飛びついて胸《むな》ぐらをつかんだり、喉や首を絞めたりすることがありました。それでいったんおさまっても、次の日には、またはやし立てられます。その人数は日に日に増えて、しまいには、村のどの子も、英世の姿を見ると、たちまち大勢で取り囲んで、石を投げ、木切れを振り回して、英世が逃げても逃げても執拗《しつよう》に迫ってきたといいます。

幼い英世はどれほどつらかったでしょう。母親はどれほど悲しくつらかったことか。子どもたちがののしり騒ぐのは、やがておさまるでしょうが、英世の左手は治らないのです。

母親は、どうしたらこの先、英世が生きていけるかを真剣に考えました。

「あの手では百姓で暮らしていくことはできない。……学問で身を立てるほかはない」

それが、母親が考えに考えて出した結論でした。

「学問」をするには、それ相応の学費がいるのですが、英世の母親は「うちは貧乏だから、そんな余裕はない。無理だ」とは考えません。「必要ならば働く。今のままでは無理ならば、もっと働いて収入を増やす」……彼女はそう考えて行動する人でした。

また、母親は、どんなときも感謝の気持ちを持って幸せを感じられる人でしたが、このやけどのときも、〝左手のやけど〟だけに注目して恨みつらみを言うのではなく、「それでも命は助かった。ありがたい」と感謝していました。

母親の働き

「何としても子どもたちを養う」という強い信念に燃えて、夜も昼もなく働いた、母親のエピソードを2つ紹介します。

ひとつ目は、〝化け物〟に間違えられたエピソード。

母親は、子どもたちを寝かしつけたあと、自分でつくった「すくい綱」を持って、小川や湖岸の浅瀬に行き、小エビや雑魚《ざこ》を捕っていました。髪を振り乱し、胸まで水につかり、夜が更けるのも忘れて捕り続けます。捕った小エビや雑魚は、家に持ち帰ってきれいにより分けておき、朝早くからそれを8～12キロも先の農家や村々へ売り歩きました。寝る時間はろくにありません。それは、夏の初めから秋が深まるころまで、毎夜続けられました。

このとき、村では、「夜が更けると小川や湖畔に化け物が出る」といううわさが流れ、夜になると湖畔には人が寄りつかなくなったそうです。

〝化け物〟の正体を見届けようとした若者が、夜更けに魚を捕る英世の母親の姿を見て、驚きのあまり声も出なかったと伝えられています。

しかし本人は、「観音様がついていて、守ってくださいます。悪いことをしないで、一生懸命に働いていれば、別に恐ろしいことなんかありません」と一向に平気だったとか。

「何としても子どもを養わなければ」という気持ちのほうが、何倍も強かったのでしょう。


もうひとつは冬の間に行った「雪の峠の荷物運び」のエピソード（この地方は、1年のうち、4、5カ月も雪に埋もれていました）。

この「雪の峠の荷物運び」の仕事は、普通の日雇い小作《こさく》や農仕事の倍以上の収入がありました。しかしそれだけに過酷な労働で、村では男の人でも、これだけはどんなに高い賃金がもらえてもやろうとしない仕事でした。英世の母親は、その仕事を選びます。

深い雪を踏み分けながら、難所の峠にさしかかると、一寸先も見えない吹雪の中で、荷物を背負ったまま棒立ちになってしまいます。荷物を背負っていなければ吹き飛ばされてしまうほどの吹雪。もし転んだりしたら、起き上がれなくなって、吹雪のために雪の下敷きとなり、凍死することさえあります。まさに命がけでした。

英世は、峠のふもとの村まで、4キロあまりもある雪道をたどって、毎日母を迎えにいきました。母親は、英世の迎えがとても嬉しく、激しい労役《ろうえき》の疲労もいっぺんに吹き飛んでしまうくらいだったそうです。

夜更けまで1人で魚を捕ることも、女の身で雪の峠を荷物運びすることも、英世の母親以外の人は誰ひとりとしてやっていませんでした。それどころか、ほかの人は、そのような労働を思いつきもしませんでした。それほど過酷な労働でした。

母親は、英世がこれから先〝不自由な左手〟ゆえに味わうつらさを思うとき、自分の労働の大変さなど比較にならないと思えていたのではないでしょうか。

英世は、幼いながらも、母親が自分たちの生活を守るために過酷な労働をしていることをわかっていました。また、まわりのすべての人にののしられ馬鹿にされても、母親は自分の痛みや苦しみをわかってくれ、自分を深く愛し、大切にしてくれていることを感じていました。そんな母親の存在が、英世の心の支えだったように思います。

英世、小学校に入学

英世は6歳で小学校に入学しましたが、学校でもみじめな思いになることがありました。

たとえば、習字の時間に墨をするとき、「すずり」を押さえる左手が不自由なため、「すずり」はすぐにずれてしまいます。ほかの子どもたちがとっくに墨をすり終わって文字を書いているとき、自分はまだ墨をすり終えていません。周囲の子に見られはしないか、先生からとがめられはしないかと、いつも気をつかいました。こういうことが、しょっちゅうありました。

また、小学校へ上がってからも、子どもたちから「手ん棒、手ん棒」とからかわれ、笑い者にされていました。英世は、学校へ行くことがつらくなります。

やがて、学校へ行くふりをして家を出て、何時間かを過ごし、手や顔に墨をつけて授業を受けたようにして帰る日が多くなりました。

母親は、英世の様子がおかしいことに気づいて、たずねました。英世は、学校で「手ん棒」と言われて悔しい思いをしていること、これからは学校へは行かず母親を助けて働きたいと思っていることを母親に話します。

母親は、英世の気持ちを思うと心が痛みました。そして、英世に向かって真剣に話し始めました。今まで手伝いをしてくれたことは、とても嬉しかったということ。しかし、学校へ行かずに手伝ってもらうことは嬉しくもありがたくもないということ。

母親「お前のその手では、畑仕事はできん。鍬《くわ》は使えん。おっかあのようには働けん。でも、手が悪くても、できるものがあるんだよ」

英世「手が悪くてもできるもの？」

母親「勉強だ。学問だ。学問は手が悪くてもできる。そのために学校へ行くんだ。お父さんの家は、昔から頭のいい人がたくさん生まれたそうだ。今も学者になっている人がいるほどだ。お前だって決してなれないわけではない。いや、きっとなれる」

英世「……」

母親「いいかい。お前は、これから大きくなるにつれて、その手でもっとつらい目に遭うことになると思う。だけど、そのたびにくじけたりひねくれたりしていたら、とても生きていけない。だから、学校をやめてはいけない。うんと勉強して、馬鹿にした子たちを勉強で見返しておやり。お前はおっかあに似て負けず嫌いだから、きっとできる」

これから先のことを思うと目の前が真っ暗になっていた英世にとって、「学問ならば身を立てられる」というのは、「救いの光」でした。また、「お前なら、きっとできる」という力強い母親の言葉が、英世の心に響きました。

英世は、その後、学校をサボることなく、一心に勉強します。「学問」の道において、英世はめきめき頭角を現しました。

ちなみに、学問をすすめた母でしたが、彼女自身に学歴や教養があったわけではありません。幼いころに寺子屋にも通えず、「いろは」の手習いを受けた程度です。学問や研究において、母が英世に教えられることは何ひとつありませんでした。

英世を応援し続けた母

英世が「学問で身を立てる」と決め、その道を進み出したら、母親は全面的にそれを応援します。

野口家はとても貧しく、働き手も少なかったのですが、母親は英世が学業に専念できるよう、なるべく家の手伝いをさせませんでした。子どもが少しでも家の仕事を手伝ってくれたり、よそで稼いできてくれたりすると、母親もずいぶん楽だったでしょう。しかし、ほとんどさせていません。そのような時間があれば、学問をさせてやりたい。英世が生きていくにはその道しかないのだから……、母親はそう考えていました。

また、英世は高等小学校へ進みますが、これも普通では考えられないことでした。当時、高等小学校へ行けるのは、村長や富豪の息子くらいでした。「常識」で考えると、野口家のように貧しい家の子どもは高等小学校に通うことなどできないのです。村の人からは「あんな遠いところまで行かせてシカ（英世の母）は気が狂ったのではないか？」「明日食べる米にも困っているのに、村長の息子でもあるまいし……」と冷たい目で見られていました。

しかし、母親は、学問をしたいという気持ちになった英世を、高等小学校へと進ませます。そして、前にも増して働きました。

そんな毎日のなか、わが子の頑張りを知るたびに、心から喜びます。母親の喜ぶ姿が、英世の励みになり、英世の頑張りが、母親の支えとなっていました。

母親が、英世の過激な勉強ぶりを見て、「体に障《さわ》るよ」と注意すると、英世は「お母さんは、女の身でありながら男勝りの仕事をしているのに、私にこのくらいのことができなくてどうしますか」と答えたそうです。

その後、英世は、医者の免許をとるために、会津若松《あいづわかまつ》、東京へと行きますが、このときも母親は、「頑張ってこい」と気持ちよく送り出しています。そして自分は、畑仕事のほかに、養蚕《ようさん》、馬の飼育、手織り、産婆《さんば》の手伝いなどできることは何でもしていました。それだけ働いても、借金の返済に追われる毎日。母親は、息子が医者になって村に帰り、村の人々の役に立って喜ばれる日が来ることを、心待ちにしていたのではないでしょうか。

故郷を出てから4年後、会津若松の医院へ「書生《しょせい》」として住み込んで働きながら猛勉強した英世は、大学へ行かずとも、たいへんな難関「医術開業試験」に合格しました。しかし英世は、「医師」の資格を得ても、村には帰ってきませんでした。「医者にはならない。医学者になって研究をする」と言い出したのです。母親は驚いたでしょうが、それでも英世が決めた道を応援しています。

「アメリカへ行く」と言い出したときも同様です。

「お前がやりたいと思うことを、私は何で反対しよう。私はいつまでも、お前が成功して日本に帰ってくる日を待っていますよ」と言って、英世をこころよく送り出しています。

そのころも、野口家は貧しく、英世の父親は相変わらず働くどころか、お酒を飲んでばかりで頼りになりませんでした。野口家の借金は、どんどん増える一方。そのような状況でも、母親は「そろそろ故郷に帰ってきてほしい」とか、「今まで苦労して学問をさせてあげたのだから、これからは助けてほしい」とは言いませんでした。むしろ、英世がそのように道を切り開いていくことを喜んでいます。英世の進む道を決して邪魔しない、母はそういう人でした。

そして、自分は働きます。母親は、「どれだけ働いても、愉快な心でいれば、決して体を害することはない。心に不快さえなければ、仕事が大変であっても、体を害することはない」と語っていました。

「現状を受け止め、できることを精いっぱいやっていく」「決してあきらめず、切り開いていく」……という母親の姿勢は、英世に受け継がれました。英世は、資金がなくても、学歴がなくても、決してあきらめず、次々に道を切り開いていきます。

また、英世は子どものころから生涯を通して「いったい、いつ寝るのか」「こんなに研究（勉強）し続ける人を見たことがない」と驚かれていましたが、これも、骨身を惜しまずに働き続ける母親の姿から受け継いだことだったのでしょう。

感謝の気持ちで受け取る母親

英世の母親のエピソードをもうひとつ。彼女は、人の好意を感謝の気持ちでありがたく受け取る人でした。これは、英世が小学校に入学するころの話です。

野口家では、本1冊さえ買えず、入学の準備ができませんでした。その様子を見て、近所の人が、なんとかしてやりたいと思い、英世が学校に上がれるように必要な本、墨、筆、紙まで一切の学用品を買ってくれたことがありました。

そんなとき、母親はありがたく感謝の気持ちで受け取っています。

高等小学校時代には、ボロボロな着物を着ている英世に、裕福な友だちが袴《はかま》を貸してくれたことがありました。「ぼくが必要になるまではいていていいよ」と言って貸してくれたのですが、実際は与えてくれたのでした。

そのときも、母親は「友だちから恵んでもらうなんて情けない」とか、「そんな英世が哀れだ」という態度を見せていません。

「どうもありがとう。英世、よかったね。こんなにいい友だちがいて！」

母親は英世の友だちにお礼を言い、「これからも仲良くしてやってね」と頼んでいます。

英世がやけどを負ったとき、「この子は一生自分が養い通す」と決心した母親でしたが、英世が歩み始めた道に必要なお金は、母親がどれだけ身を粉《こ》にして働いても稼げる金額ではありませんでした。母親は、まわりの人が英世を援助してくれることを心から喜んでいました。

英世は、本を買うお金がなければ、そのことを正直に恩師に伝えてお金を都合してもらったり、アメリカへ行く費用がなければ、人に頼んで出してもらったりしています。英世は、本当に多くの人に援助してもらっています。

貧乏極まりなかった英世でしたが、「ないのであれば、なんとかして用意すればいい。助けてもらうこともＯＫ」……そういう考えだったので、高等小学校へも、東京へも、アメリカへも行くことができました。彼が人からの援助を受け取れない人だったら、医者の免許をとれるどころか高等小学校にも行けなかったことでしょう。

しかしながら、英世には、まわりの人が大変な思いをして捻出してくれたお金を、ひと晩で遊びに使ってしまうという面もありました。それも一度や二度ではなく、何度も。大金を持つと気が大きくなって、ついつい使ってしまうのが英世のクセでした。

英世が生きている間に、『野口英世』の伝記が何冊か出ましたが、それを読んで、「どの本もダメだ。ぼくを神様のように書いているが、こんな完全な人間なんていない。ぼくは欠点の多い人間だ」と苦笑していたそうです。まわりの人たちは、英世のそういう面を知っていても、英世の「勤勉な面」を見て力になってやりたいと思うのか、援助し続けてくれました。

母への贈り物と英世の帰国

英世は、アメリカで研究したことを論文にまとめて、日本の2つの大学へ送っています。世界で認められた英世ですから、今さら日本の大学の博士号を欲しいとは思わなかったのですが、大学へ行っていない息子が博士号をとったら、母親が喜ぶだろうと思ったためでした。英世は、京都帝国大学から「医学博士」、東京帝国大学から「理学博士」の学位を与えられています。

英世がアメリカへ渡ってから15年目のある日、日本の友人から1通の手紙が届きました。そこには「今すぐ帰国しなければ、君は一生涯、母に会えないかもしれない」と書いてあり、やつれた母親の写真や、故郷の風景の写真が同封してありました。仕事が山ほどあった英世でしたが、その手紙と写真を見て、帰国を決意します。英世が38歳のときです。「世界的学者、野口英世博士帰る」……日本中の新聞が、英世の帰国を大きく伝えました。1915（大正4）年9月5日、横浜港は英世を出迎える人でいっぱいでした。

英世は日本に2カ月間滞在します。その間中、講演会や歓迎会などがいっぱい組まれて、ゆっくりできる時間はほとんどありませんでした。それでも、英世は母と一緒に「観音様」へ参ったり、講演会や歓迎会のわずかな余暇を見つけては、母親を自動車に乗せて東京を案内したりしました。関西方面に向かう列車の中でも、母のそばにつきっきりで、沿線の風景を説明しました。

英世はどのような招待の席にも母を同行することを主催者に申し入れ、ずっと母と一緒にいました。母親は最初、招待の席に同行することをためらったのですが、英世が、「自分の目から見たら、お母さんはこの世にまたとない貴《とうと》い神様のような人ですから。遠慮することはない」と言うと、それ以降はおどおどすることなく、招待の席に出るようになったとのこと。人々は、母をいたわる英世の姿に涙ぐんだそうです。

どこへ行っても、「野口博士、野口博士」と歓迎され、多くの人から尊敬されている息子の姿を見て、母親はどれほど嬉しかったことでしょう。そんな英世と共に旅をした母親は、各地で温かく迎えられ、「生きているうちにこんな幸せを味わうとは思っていなかった」とたいへん喜びました。

英世は、帰国前に日本の学者としては最高の賞といわれる「恩賜賞《おんしし》」を受賞し、その賞金として千円を与えられていました。当時の千円といえば、家が買えるほどのお金です。

英世は、この賞金の一部で、野口家に田を買うことにしました。

母親は、この田からとれた米を食べて、「うちの田から取れた米はうめえなあ」と涙を流したとのこと。「せめて、我が家に10俵とれるくらいの田があったらなあ」と何度も夢にまで見ていた田です。その田からは、40俵の米がとれました。その米を、誰に気兼ねをすることもなく食べられるのですから、母親の喜びは、さぞかし大きかったことでしょう。母親のそれまでの苦労を知っている地元の人たちは、その心情を思って涙したそうです。

母が与えてくれたもの

英世の帰国から3年後に、母親は亡くなりました。65歳でした。

母親は晩年までの20年以上の間、産婆として2000人あまりの子どもの出産にも立ち会っていました。その技術の確かさと親切な世話に、誰もが感謝していたといいます。

彼女は、相手が困っていると規定の謝礼をとらずに無料奉仕をしました。謝礼を余分にもらったときは、神社や寺に寄進したり、貧しい人や体の不自由な人に恵んだりもしました。産婆の収入の一部は野口家の借金の整理に充てていましたが、こんな調子だったため、借金はなかなか片付きませんでした。

このように、英世の母親の愛情は、息子だけではなく、まわりの人たちにも惜しみなく注がれていました。人々は、そんな彼女を「おシカばあさん」と呼んで慕っていました。そのためでしょう。彼女の葬儀は、翁島村始まって以来の盛儀となり、数えきれないほどの会葬者が訪れたそうです。

母親は、どんなときも、感謝の気持ちを持って懸命に働く人でした。普通ならば不平や不満を言いたくなるような状況であっても、彼女の口からは、いつも「ありがたい」という言葉が出ています。彼女は、人生に絶望したり投げやりになったりしない人でした。

彼女がそのように生きられたのは、「観音信仰」によるところが大きいのでしょう。しかし、彼女自身が「祖母の愛情」に包まれて育ったことも大きな要因のような気がします。

彼女は幼いころ、両親には出ていかれましたが、祖母には愛情を十分注いでもらえました。また、祖母が一生懸命働いている姿を見て育ちました。

「自分をいつでも温かい思いで包んでくれる存在」があると、人の心は明るく元気になるようです。愛情を注ぐ存在は、必ずしも父親や母親でなくてもいいのかもしれません。そんな存在が1人でもいいから、いてくれるかどうかが大きなカギのような気がします。

英世は幼いころから「手ん棒、手ん棒」といじめられました。どれほど悔しい思いをしたか。その思いは、おそらく体験した者でないとわからないでしょう。

もし母親が、息子のやけどに絶望して「そんな手になってしまったから、もう、お前の人生は、お先真っ暗だ」と言っていたら、英世は左手のやけどを嘆き、自分を笑い者にする人たちを恨み続けて一生を終えていたかもしれません。

しかし、母親は「英世の人生」を見捨てなかった。左手が不自由でも生きていける道を探し、英世の応援団となって、自分にできる精いっぱいのことをやり続けました。それも感謝の心をいつも持って……。

母親がこのような人でなければ、「世界の細菌学者・野口英世」は、おそらく存在しなかったのです。

正観コラム

「背中」を見せる子育て

未成年者の犯罪が起きると、評論家の方たちは、「親は、もっと子どもと向き合ったほうがいい」と言います。しかし、親は子どもと向き合わないほうがよいのではないか、と私は思っています。

子どもと向き合い、目の前に大人が立ちふさがっていたら、子どもは「そこを、どいてほしい」と思うだけです。それよりも、親は子どもに「背中」を見せて、前に進んでいくほうがいい。

「こうしなさい」「そこがダメ」と向き合って、指摘し続ける親ではなく、「あなたはあなたのままでいい」「あなたがどうなっても支える」と「見守る親」のほうが、親にとっても子どもにとっても「ラク」です。

「なんでもかんでも受け入れて甘やかしていたら、きちんとした人間にならないのではないか」と思う親がいるかもしれません。

でも、子どもはどんなときでも、自分を受け入れてくれた親を「悲しませよう」とは思わないでしょう。

「子どもが助け船を求めてきたら、いつでも助け船になってあげる」という覚悟がある親のもとでは、子どもはあまり踏み外さないのではないでしょうか。「背中」を見せ、見守り、困っているときには、無条件で受け入れる。そんな子育てをおすすめします。

7
ハンス・クリスチャン・アンデルセン

子どもを賞賛し、好きなことをさせた母親

母や祖母は、私が天賦《てんぷ》の才能を持っていると信じて疑わず、ことあるごとに褒めてくれました

詩人・作家
1805年4月2日～1875年8月4日（70歳）

アンデルセンについて

童話の王様、アンデルセン。彼は、『マッチ売りの少女』『みにくいアヒルの子』『赤い靴』『おやゆび姫』『はだかの王様』など、数々の童話を世に送り出しました。

日本でアンデルセン童話をひとつも知らない人を探すのは、おそらく難しいでしょう。アンデルセンが初めて日本に紹介されたのは、1888（明治21）年ですから、130年以上もの間、多くの人に読まれ続けていることになります。1人の外国人作家の童話がこれほど長期にわたって日本で読まれている例というのは、珍しいのではないでしょうか。

当然のことながら、アンデルセン童話は、日本だけで読まれているのではありません。世界の多くの国で翻訳されて読まれています。

「童話作家」というと、アンデルセンのほかに〝グリム兄弟〟もよく知られていますが、「グリム童話」と「アンデルセン童話」には、大きな違いがあります。

「グリム童話」は、ドイツのグリム兄弟が、ドイツに昔から伝わる童話や民話、伝説を集めて書いた「民族童話」。グリム兄弟は、学問的な研究者、編集者でした。

一方、「アンデルセン童話」は、アンデルセン自身がつくった「創作童話」です。

アンデルセンは、自伝の冒頭で次のように書いています。

「私の生涯は波瀾《はらん》に富んだ幸福な一生であった。それはさながら一編の美しい物語《メルヘン》である」

実際、アンデルセンは、自分の人生を振り返ると不思議でならなかったらしいのです。

デンマーク、オーデンセの貧しい家庭で生まれ育ったアンデルセンは、14歳のとき〝俳優〟にあこがれて、ほとんど無一文でデンマークの首都コペンハーゲンに旅立ちました。

コペンハーゲンでは、何度も絶望の淵に立たされ、「もうこれまでか……」というところまでいくのですが、そのたびにいつも援助者が現れて新しい道が開いていきました。

たとえば、どうしようもなくなったときに、声楽学校の校長先生に無料で声楽を教えてもらえることになったり、作曲家や詩人たちから寄付してもらえたり、バレエ学校で学ぶ許可がもらえたり、国の援助でラテン語学校に通えたり、さらに大学に進学できたり……。

〝俳優〟として成功する夢は実現しませんでしたが、そこで朽ちることなく、〝作家〟に転向し、156編の童話、約50編の戯曲《ぎきょく》や小説、800編以上の詩を書きました。70歳で永眠したときは、国葬として葬られています。


特に教育を受けていたわけでもなく、都会に頼れる知人もいなかった貧しい少年が、これほどのチャンスや援助者に恵まれて、その才能を発揮できたのはなぜだったのでしょうか。アンデルセンが育った背景を見てみましょう。

アンデルセンの家系と、アンデルセンの誕生

アンデルセンが生まれ育ったのは、デンマーク・フュン島のオーデンセ。当時オーデンセといえば、デンマークではコペンハーゲンに次ぐ主要都市です。たいへん階級差が激しいところで、住民の半数以上は下層階級に属しており、その貧困状態はひどいものでした。

アンデルセンの父親は、靴職人でした。彼は貧しい小作人の家庭に生まれています。その父親（アンデルセンの祖父）も一時期、靴職人をしており、自分のひとり息子にも同じ道を歩ませたのでした。

アンデルセンの母親は、極貧の家で育っています。彼女は婚姻外の子で、父親が誰であるか不明です。正式な出生届が出されていないので、正確な年齢はわかりません。彼女の母親（アンデルセンの母方の祖母）は婚姻外の子を3人産んでおり、3人の子の父親がそれぞれ違ったため、その罰として、8日間投獄されています。

アンデルセンの母親は、子ども時代〝物乞《ものご》い〟に出されていました。貧しさのために教育を受けられなかった彼女は、文字の読み書きもできませんでした。

そんな彼女も、24、25歳のときに、婚姻外の女児を1人産んでいます。

その数年後、アンデルセンの父親となる靴職人と正式に結婚します。このとき夫は22歳、彼女は少なくとも夫より7、8歳は年上だったようです。一説では15歳年上だったともいわれています。自分の家庭を持つことができた彼女は、喜びに満ちあふれていました。

アンデルセンは、両親の結婚式の2カ月後に生まれています。そのころ、父親は靴職人の親方の家に住み込んで働いていたので、家族は別々に暮らしていました。その年の暮れに父が独立し、翌年から家族3人が一緒に暮らし始めています。

ちなみに、アンデルセンの母が結婚前に出産した女児は、母方の祖母と暮らしており、アンデルセンとは一緒に暮らしていません。

アンデルセンの父親は靴職人として独立しましたが、最下層の階級でした。アンデルセン一家の経済状態は厳しく、家族の住まいは、長屋のひと間。狭い部屋がひとつと小さな台所があるだけでした。

しかし、母親がいつもきれいに片付けて、家具もピカピカに磨き、シーツやカーテンを真っ白に洗ってくれていたので、アンデルセンにとっては、とても心地のよい部屋でした。

「本当に自分がなりたいと思うものになることだよ」

アンデルセンの父親は同業の靴職人仲間とはほとんど付き合わず、商売にもあまり身を入れず、よく本を読んでいる人でした。そして、いつも浮かない顔をしていました。

そんな父親でしたが、息子のアンデルセンのことはたいへんかわいがってくれました。

父親は、夜になるとアンデルセンに『アラビアンナイト』や、ラ・フォンテーヌの寓話《ぐうわ》、デンマークが生んだ大作家ホルベアの劇などを大きな声で読んで聞かせてくれました。いつも沈んだ顔をしている父親も、本を読んでくれるときだけは、ニコニコしていました。

また、父親は手先が器用で、人形芝居の人形をつくって劇を見せてくれたり、いろいろなおもちゃ（ひもを引くと変わる絵や、おどけた首振り人形など）をつくってくれたり、絵を描いてくれたりもしました。

日曜日になると、アンデルセンを郊外の森へ連れていってくれました。しかし、森で息子と一緒に遊ぶことはなく、いつもじっと座って物思いにふけっていたとのこと。アンデルセンはその傍《かたわ》らで、ひとりで森を跳ね回り、イチゴや花を摘んで遊んでいました。

そんな父親は、アンデルセンに、

「気の進まない道を無理に選んではいけない。本当に自分がなりたいと思うものになることだよ」

と、日ごろから、何度も何度も語っていました。

父親が口グセのようにそう言うのには理由がありました。実は、「靴職人」は、彼が希望していた道ではなかったのです。文学が好きだった彼は、子どものころ「ラテン語学校に行って学ぶこと」を強く希望していました。実際、頭もよかったとのこと。しかし、家が貧しかったため、学校に行くことができませんでした。

そんな彼にも一度だけ、ラテン語学校へ行けるチャンスが訪れたことがありました。彼の才能を見込んだ、市民の金持ち2、3人が「生活費と教育費を出し合うから、学校へ行かせないか」という話を持ち込んでくれたのです。思ってもみなかった幸運に大喜びしました。しかし、息子の手に職をつけて経済力をつけさせたかった父親（アンデルセンの祖父）がこの申し出を断ってしまいます。その結果、アンデルセンの父親は自分の意思に反しながらも、親の希望どおり「靴職人」になったのでした。

「やりたい道に進めないこと」がいかにつらく悲しいかを痛感していた父親は、息子に自分と同じ思いをさせたくないと強く思っていました。

あなたは天賦の才能を持っている

アンデルセンの母親は、優しい愛情に満ちた人で、息子のアンデルセンを熱愛していました。素朴で、迷信深い考えや習慣をたくさん持っており、それらを息子にたくさん聞かせています。彼女は、神の導きを信じて、くよくよしないところがあり、たいへんな働き者でもありました。アンデルセン家は年に一度だけ、森が新緑になる5月ごろに、母親も一緒に森へ出かけていました。彼女は、この5月のピクニックを唯一の休みとして、あとは休むことなく働いていました。夫が仕事に身を入れていなかったので、妻である彼女が、あちこちの家に出かけては、ふき掃除をしたり洗濯を引き受けたりして、暮らしを支えていました。

きれい好きな彼女は、息子のアンデルセンにも、いつもこざっぱりとした服装をさせていました。そして、アンデルセンに向かってよくこう言っていました。

「私の小さいときとはうって変わって幸福で、まるで伯爵《はくしゃく》のお坊ちゃんのようだ」

母は子ども時代、物乞いに出され、見知らぬ人に声をかけることができずに一日中泣いて過ごしていました。家に帰ると、その母から「この役立たず！」と、ののしられる毎日。そんな自分の子ども時代と比べると、両親の愛を一身に受けている息子は幸福そのものに見えたのでしょう。

また、彼女は「息子は天賦の才能を持っている」と信じて疑いませんでした。息子のことをほとんど生涯「偶像」のようにあがめ、誇りにしています。息子の才能を信じて疑わなかった母親の存在は、アンデルセンに自信を植えつけました。

母親が、ことあるごとに褒めてくれたことはアンデルセンの記憶にしっかり残っていたようで、彼の自伝には、母親から「才能がある・並外れている」と褒められた様子が書かれています。アンデルセンも、嬉しかったのでしょう。

アンデルセンは、のちにどんな窮地《きゅうち》に立たされても、自分の才能や実力に不安を感じることがありませんでした。これは幼いころから繰り返し「あなたには才能がある・並外れている」と言ってくれた母親によるところが大きいでしょう。

老婆たちから聴いた話

父方の祖母は上品で物静かな人で、アンデルセンをかわいがってくれました。彼女も日ごろからアンデルセンのことを「才能のある素晴らしい子だ」と言ってくれていました。

祖母は、老人用精神科病院で庭の世話番として働いていましたが、毎日、ほんの少しの時間を見つけては、アンデルセンたちのところに来ていました。それは、愛する孫のアンデルセン

を見るため。アンデルセンもこの祖母が大好きでした。

祖母の働く精神科病院の中に、貧しい老婆たちが糸を紡《つむ》ぐ部屋がありました。アンデルセン少年は、そこの人気者でした。ときどきそこへ行っては、即席の講演をして、無邪気な老婆たちを喜ばせていたからです。即席の講演の内容は、「人間の体内構造」。たまたま、医学上の知識を聞きかじっていたアンデルセンは、内臓を表す絵を描きながら、心臓、肺、腸、腎臓について老婆たちに話しました。

老婆たちはアンデルセンの話に感銘《かんめい》し、そのほうびにいろいろな話を聞かせてくれました。老婆たちから聞く話は、アンデルセンにとって、『アラビアンナイト』のようで、豊かな世界が広がっていきました。

祖母も、いろいろな昔話を知っていて、アンデルセンによく聞かせてくれました。自分の家の歴史を聞かせてくれることもありましたが、そのなかには、孫を励ますためのつくり話が含まれていました。たとえば、自分たちの家には貴族の血が流れているとか……。アンデルセンの祖母は空想力豊かな人でした。

祖母や老婆たちの昔話を聞いて育ったことが、童話作家アンデルセンに与えた影響は大きかったでしょう。彼が最初に書いた童話は、祖母から聞いたフュン島の昔話をもとにして書いたものでした。

アンデルセン家の教育方針～したいことをさせる～

アンデルセン一家では、「したいことをさせる。したくないことは無理にさせない」という教育方針が貫かれていました。これは、父親が日ごろから口グセのように息子に言っていたことであり、母親もその方針を守りました。そんな例を2つ紹介しましょう。

① ムチで打たれて転校したアンデルセン

アンデルセンは、5歳のころから「幼児学校」に通います。

この学校の先生は、いつも太いムチを持ち、つづりの勉強などで間違える子や行儀の悪い子がいると、容赦《ようしゃ》なくムチで打ちました。

アンデルセンの母親は、息子が学校へ入る前に、先生に「いかなることがあろうとも、うちの息子に体罰を加えないように」という強い希望を伝えていました。

しかし、じっと座って勉強することが苦手で、よそ見ばかりしていたアンデルセンは、ある日とうとうムチで打たれてしまいます。すると、彼は本を抱えてさっさと家へ帰ってしまいました。そして、「ほかの学校に行かせてほしい」と母親に懇願します。すると、母親は息子の願いを受け入れて、別の学校に転校させたのでした。

アンデルセン

② 働き出しても、嫌なことがあれば、すぐに辞めるアンデルセン

少し先の話（父親の死後の話）になります。

アンデルセンは、父の死後、家計を助けるために繊維工場へ見習いに出ました。繊維工場で歌を歌い、即興でシェイクスピアを演じたアンデルセンは人気者となります。ほかの仲間が仕事をしているときに、仕事ではなく歌うことを許されるほどでした。ちなみに、アンデルセンは「フュン島の小さなナイチンゲール」といわれるほど、きれいなソプラノの声を持っていました。

そんな具合で、最初の数日は、工場の生活も愉快でした。しかしある日、何人かの男たちが「こいつは男じゃない。女だろう」と言って、性別を確かめるためにアンデルセンのズボンをおろしました。アンデルセンは、泣いたりわめいたりして抵抗しましたが、大勢の男たちの力には負けてしまい、恥ずかしさのあまり工場を飛び出して母のところへ逃げ帰ります。「辞めたい」と打ち明けると、母親は「二度と工場に行かなくていい」と言ってくれました。彼は、この日で工場を辞めています。

とにかく、アンデルセンの家では、「嫌がることを無理にやらせない」ということが徹底していました。

アンデルセンの父

アンデルセンが7歳のとき、父親は兵士に志願しています。志願の理由は、自分の境遇への絶望と、当時貧しい人々に絶大な人気があった〝ナポレオン〟への崇拝だといわれていますが、実際には、裕福な農家の息子の身代わりとして、お金を受け取って入隊したようです。生活に行き詰まっており、靴商売に見切りをつけたということでしょう。

軍隊に入った父親は、1年ほど訓練を受けたあと、軍に加わるために出発しています。しかし、途中で終戦となったため軍は解散し、出征から2年後に帰ってきました。家に帰ってきた父親は、精神も体も害してしまっていました。アンデルセンと遊んでくれることもありましたが、最期は錯乱状態に陥《おちい》り、33歳で亡くなりました。父親は貧民墓地に埋葬されます。このとき、アンデルセンは11歳でした。

母親は、夫の死の2年後に再婚しています。再婚相手も靴職人。

継父も、アンデルセンに一切口出しをしませんでした。そのため、アンデルセンは、新しい父と暮らすようになっても、嫌なことをやらされるということはありませんでした。この継父も、再婚の4年後に亡くなっています。

アンデルセンが夢中になったもの

アンデルセンは子ども時代、ほかの男の子と遊ぶことは決してなく、いつもひとりぼっちでした。学校にいても、友だちの遊びには加わらないで、いつも教室に残っていました。アンデルセンは神経質で多感であり、いつも空想の世界に住んでいたためか、友だちとうまくコミュニケーションがとれなかったのでした。

家では、父がつくってくれたおもちゃで遊んだり、人形芝居で遊んだり、人形の衣装を縫ったり、庭の木の下に座って木の葉をじっと見たりして過ごしていました。

また、読書にも夢中になっていて、自分の家にあった本を読んでしまうと、本を借りてきて次から次へと読んでいました。アンデルセンは、偉人や有名人の生涯に大きな感銘を受け、自分もそんな人間になりたいと思うようになります。

また、芝居にも夢中になりました。アンデルセンの手紙によると、初めて劇場で芝居を見た日から、芝居に全霊をあげて恋い焦がれたとのこと。何日も飽きもせず、鏡の前に座って、見てきた芝居をひとりで演じていました。それも、騎士のマントの代わりにエプロンを肩にかけて、単語を5つも知らないチンプンカンプンなドイツ語で……（見た芝居がドイツ語だったらしい）。

やがて劇場はアンデルセンのいちばん好きな場所になりました。でも、貧しい彼には入場券を買うお金がありません。しかし、アンデルセンは、そこであきらめない。チラシ配りの男性と友だちになって、チラシ配りを手伝い、その報酬としてときどき劇場に無料で入れてもらいました。劇場に行けない日は、もらったチラシを持って部屋の隅に座り込み、そこに書いてある題や配役をもとにして、自分でストーリーを考えて劇を思い描いていました。

アンデルセンは、そのうち、「自分が主役を演じる物語」をつくり出さずにはいられなくなりました。さらに、つくった物語を人前で演じずにはいられなくなりました。その姿は、まわりの者に「気がおかしくなったのではないか」と思わせるほどの、のめり込みよう。アンデルセンの話を喜んで聞いてくれる人もいましたし、気味悪がる人もいました。学校の男の子たちからは完全に馬鹿にされてしまいます。それでも、「物語をつくること」と「人前でそれを演じること」は、どうしてもやめられませんでした。

こうして、アンデルセンの芝居に対する熱はどんどん増していきました。

アンデルセンが13歳のとき、コペンハーゲンの「王立劇場」の一座が、街に来て興行しました。街じゅうがその話題で持ちきりです。見にいきたかったアンデルセンは、このときもせっせとチラシを配って、裏口から入れてもらいました。そこからがすごい。

まず、楽屋に行って何人かの俳優に自分が芝居好きなことを話して、舞台裏で見られるようにしてもらいました。さらに、芝居に加わりたいと伝え、『サンドリヨン』（シンデレラ）に出演までさせてもらいました。その役には、1行でしたがセリフまでありました。

アンデルセンは、俳優たちが楽屋にやってくるころには、すでに衣装をつけて待っていました。俳優たちも面白がって、親切に指導してくれました。アンデルセンは、観客はみんな自分のことしか頭にないのだと想像していたとのこと。素晴らしい想像力です。

アンデルセンは、「自分は俳優になって、コペンハーゲンの王立劇場の舞台に立つ」という気持ちを固めていました。大都会コペンハーゲンで有名になることが彼の夢になりました。

アンデルセン、大都会コペンハーゲンへ

アンデルセンは、14歳になると「堅信礼《けんしんれい》」を受けました。

「堅信礼」とは、成人式のようなもの。正しいキリスト教の信仰を持っているかどうかの試験をされ、それに合格すると、「堅信礼」を受けて、一人前の大人として認められます。

それは、多くの少年にとって将来の仕事を決めるときでもありました。

母親は、人形の衣装を縫うことが好きな息子を〝仕立屋〟にしたいと望んでいました。しかし、アンデルセンは、〝俳優〟になるためにコペンハーゲンに行かせてくれとせがみます。

初めのうち、母親は反対しました。彼女は、芝居の仕事を恐ろしいものだと思っていたし、知人のいない遠い都会へ息子をひとりで行かせることも心配でした。

しかし、アンデルセンは、自分の気持ちを抑えられません。コペンハーゲンの「王立劇場」へ行けば、俳優としての才能が認められると確信していたのです。

彼は泣いて頼みました。父親の「この子がしたくないことを無理にさせてはならない。やりたいことをやらせてくれ」という言葉も持ち出してお願いしました。ついに、母親は折れて、コペンハーゲンへ行くことに反対しなくなりました。人生の大転換期に、またもやアンデルセンは「自分の好きな道、行きたい道」に進むことができたのです。

母親の友人たちは、14歳の子どもをひとりでコペンハーゲンへ行かせるのは無茶ではないか、と心配しました。もちろん母親も心配だったのですが、それでも最終的には「好きなことをさせる」という育て方をここでも貫き通しました。

ちなみに、アンデルセンの母親は、本音のところでは、なんとか息子が思いとどまって、芝居の道ではなく普通の堅い仕事についてくれることを願っていました。息子のあこがれや望みをすべて理解していたわけではなかったのです。

この母親の偉大なところは、たとえ自分が賛成できなくても、息子がどうしても行きたいと熱望したことをさえぎらなかった、進ませてやったところでしょう。

こうしてアンデルセンは、コペンハーゲンへと旅立つことができました。

母親は、その後14年間生きました。その間、アンデルセンとは手紙のやり取りをしており(文字の読み書きができなかったため、知人に代筆してもらっています)、いつでも息子の幸せと成功を祈っていることや、息子が都会で「作家」として成功している姿を知って心から喜んでいることを書き、送ってくれました。また、里帰りした息子が、地元の人々に歓迎される姿を見て、泣いて喜んでいました。

両親や祖母が与えてくれたもの

これは、アンデルセンが、まだ故郷オーデンセにいたときの話です。

読書好きなアンデルセンは、上流階級の牧師の夫を亡くした女性の家に自由に出入りすることを許され、本を貸してもらっています。亡くなった牧師は詩人でしたが、この婦人も文学に理解を持っていました。アンデルセンは、彼女の家で多くの文学に出会います。アンデルセンが初めて「詩」や「脚本」を書いたのもこのころです。

階級差別が厳しかったヨーロッパでは、下層階級の子どもが、上流階級の家に自由に出入りできるということは、めったにないことでした。

アンデルセンがこの家に出入りできるようになったいきさつは……。

ある日、牧師の夫を亡くした婦人は、何かの用事でやってきた少年が目をキラキラさせて自分の家の本棚をいつまでも見ていることに気づきます。少年の身の上を聞いたあとで「本が好きなの?」と聞くと、この少年は、「大好きなんです。それにぼくは詩だって暗唱できるんですよ」と言って、詩や芝居の一説を婦人の前で暗唱して聞かせてくれました。婦人は読書欲に燃えた少年をいじらしく思います。嬉しそうに暗唱している姿に好感も持ちました。それで、彼女は少年に「本をどれだけでも貸してあげるから、いつでも借りにいらっしゃい」と声をかけたのでした。その少年が、アンデルセンです。


どうやらアンデルセンには、「この子の力になってあげたい」と思わせる不思議な魅力があったみたいです。コペンハーゲンでも、絶望の淵に立つような大変な状況を何度も味わいながらも、そのたびに援助してくれる人が現れました。

彼の人生を見ると、明るく、無邪気で、ものおじしない人なつっこさが、人々に好感を抱かせていたようです。彼がそういう人柄に育ったのは、貧しい暮らしのなかでも両親や祖母が愛情をたっぷり注いで育ててくれたおかげでしょう。

また、アンデルセンは、まわりから何と言われようと自分の才能を疑わず、誰を前にしても

自分の望みを切々と伝えていました。これは、「自分には素晴らしい才能がある」と思い込ませてくれた母親や祖母のおかげといえそうです。自分を信頼する力をしっかり育んでもらっていたからこそ、誰を前にしても揺らぐことなく自信を持って道を切り開いていくことができました。

また、どんな状況になっても自分の夢をあきらめなかったのは、「自分の進みたい道に進むんだよ」と繰り返し言ってくれた父親の言葉があったからこそかもしれません。

「俳優」として成功する夢は実現しませんでしたが、そこで朽ちることなく、「作家」に転向し、その才能を花開かせました。

アンデルセンは、「私が書いたものは、ほとんどが自分自身の姿であり、登場人物は、すべて自分の人生から生まれたものです」と語っています。世界の多くの人々の心を打ったアンデルセンの作品は、多難でもあり豊かでもあった彼の人生体験から生まれたものでした。

ちなみに、『みにくいアヒルの子』は、アンデルセンの自伝的作品であり、『マッチ売りの少女』は、母親の幼い日の姿をもとに書いた作品といわれています。そのほかにも、自分自身や母親、祖父母や父親の姿が書かれた作品がいくつもあります。

「嫌なこと・したくないこと」を一切しなかったアンデルセンの子ども時代。学校も仕事も嫌になればすぐに辞めていました。親もそれを認めていました。このような育て方は、「子どもを甘やかしている」とか「弱い子に育つ」と非難されることが多いでしょう。

「我慢させることによって忍耐力がつく、強い子に育つ」という言葉を聞きます。確かにそういうこともあるでしょうが、そこばかりに固執していると、大切な力をつぶすことになるのかもしれません。やりたくないことに多くの時間やエネルギーを注いでいると、本当にやりたいことに気づかなかったり、できなかったりする可能性があるからです。

「忍耐力がつく訓練」の連続で人生が終わってしまうのは残念な気がします。

持って生まれた力を発揮させてやりたいと思うのであれば、大人や親の思いをいったん横において、「この子が心からやりたいと思っていることは何だろう」と、子どもの奥底からの欲求を見てあげることが大切です。心からやりたいと思うことが、その子が持って生まれた才能につながっているようですから……。

正観コラム

おかえしの法則

私の「おかげさま」からこんなメッセージをいただきました。

「人を元気にするもののベストスリーは、『感謝』『笑顔』『賞賛』である」と。

友人知人100人に確認しました。「それは違う」と言う人はひとりもいなかったので、公表することにしました。

たとえば、子どもが洗濯物を（雨が降ってきたので）取り込んでくれたとしましょう。「ありがとう」を言いながらの笑顔、そして「本当によく気がついてくれた。取り込んでくれて嬉しい」の賞賛。「感謝」と「笑顔」と「賞賛」を浴びせると、その相手はすごく元気になるらしいのです。

逆に、「感謝」の反対の「不平不満・愚痴・泣き言・悪口・文句」、「笑顔」の反対の「不機嫌」、「賞賛」の反対の「アラさがし」を浴びせ続けると、相手は無口になり、不機嫌になり、ひいては反応しなくなる。エネルギーがなくなってしまうようです。

だから、逆に、プラスエネルギーを充電し続ければ（感謝・笑顔・賞賛を続ければ）、肉体的にエネルギーダウンの人（病人）も、精神的にエネルギーダウンの人

（うつ病の人）も、元気になります。

「感謝」の「か」、「笑顔」の「え」、「賞賛」の「し」をとって、この仕組みを「おかえしの法則」と名付けました。

8

美空ひばり

子どもの味方になって、
そばで支え続けた母親

私の歌を誰よりも理解してくれたのは母だった。
今の私がいるのは、母あればこそ

歌手
1937年5月29日～1989年6月24日（52歳）

美《み》空《そら》ひばりについて

「戦後」の大スター、歌謡界の女王、美空ひばり。彼女の劇場でのデビューは、終戦の翌年、1946（昭和21）年でした。わずか9歳のときです。

「美空ひばり」という名前で本格的な芸能活動を始めたのは、1948（昭和23）年、11歳のとき。その歌のうまさ、度胸のすごさには、まわりの誰もが驚きました。翌年には、映画出演とレコードデビューをしました。

1949（昭和24）年9月に発売された2枚目のレコード『悲しき口笛』は、それまでの戦後最大のヒット曲の記録を破って、売り上げは50万枚に達しました。同年の10月に公開された映画『悲しき口笛』にはひばりが初主演しています。その後も、出すレコードは次から次へと大ヒットを飛ばしました。

天才的な才能を発揮し、幼くして人気者となった彼女は、歌、映画、ステージと、あらゆる分野で活躍します。そして、発売曲数1035曲、出演映画158本、主演舞台89作品という記録をつくりました。1035曲を月平均にすると、月に2曲の割合で発表したことになります。吹き込んだ曲数は、1931曲だとか。

「楽譜が読めないから、新しい曲は音符の感じで覚える」と言っていたひばり。そのひばりの歌は、多くの人の支持を受け、戦後、物心共に貧しかった時代の人々に、生きる勇気を与えました。また、日本の高度成長期、働く人々を励ましました。

美空ひばりは、1987（昭和62）年4月に倒れました。重症の肝硬変と大腿骨頭壊死《だいたいこっとうえし》で、マスコミは再起不能とまで報じました。しかし「もう一度、ステージに立って歌いたい」という強い思いのもと、治療に耐え、翌年の4月11日に、「不死鳥コンサート」を行います。5万人の観衆が見守るなか、東京ドームの舞台に立ちました。決して万全ではない体調でしたが、堂々と歌って貫禄《かんろく》あふれるステージを披露しました。

そして、翌年の1989（平成元）年6月24日に、52歳の生涯を閉じたのです。

ひばりは、女性で初の「国民栄誉賞」を受賞しています。受賞盾には、「戦後の歌謡界において、真摯《しんし》な精進を重ね、数多くの歌謡曲を通して国民の心に夢と希望を与えた」と、刻まれています。

ひばりは、「私の歌を誰よりも理解してくれたのは母だった。命をかけて守ってくれたのも母だった」と語っています。

ひばりの才能が並外れたものであることを誰よりも先に確信し、幼くして「歌手になりたい」と決意したひばりを応援し続けたのは、ほかならぬ母親でした。

美空ひばりの家族構成

ひばりの父親は、栃木県生まれ。農家の四男でした。家が貧しく、「自分の食いぶちは自分で稼がなくてはならない」という状態で育ったため、子どものころから近所の農作業の手伝いや子守りをしていました。16歳のときに横浜の鮮魚店に奉公し、22歳で独立して自分の店を持ちます。その2年後に結婚しました。

彼は、歌がうまく、多芸多趣味な人で、ギターを弾き、「都々逸《どどいつ》」「端唄《はうた》」「歌謡曲」「浪曲」などをたしなんでいました。プロのような節まわしだったそうです。ひばりは自伝の中で父親のことを、

「歌が好き、ギターが好き、百人一首が好き、さのさが好き。根は真面目で仕事熱心な人だが、人生を楽しんでいる人でもあった」

と語っています。鼻歌で流行歌を歌い、一杯酒を飲めば口三味線で都々逸をやる父の姿は、娘の目に〝人生を楽しんでいる人間の喜び〟にあふれていました。

そんな父親の存在がひばりを「歌」へ近づけたようです。ひばりが芸能界に入るときには大反対した父親でしたが、ひばりに「芸」の手引きをしたのも父親でした。

ひばりの母親は、東京生まれ。7人兄弟の長女でした。

その母親（つまり、ひばりの祖母）は、声がよく、歌が上手でした。浪花節《なにわぶし》が好きで、レコードをたくさん持っており、浪曲興行がかかるといつも、浅草や向島などの劇場へ子どもたちを引き連れて通っていました。

ひばりの母親はその影響を受け、自然に歌や芸事が好きになります。小遣いがあれば、すぐにレコードを買うほどでした。彼女の娘時代の楽しみは、浅草六区へ行くこと。当時の浅草では、無声映画やオペラが華やかで、実演を観たり、映画を観たり……浅草の雑踏《ざっとう》のなかを歩きまわり、いろいろな芸能の息吹に触れることを生きがいにしていました。「機会さえあれば、そして許されるものであれば、あの芸能界に身を投じてみたい」……そんな思いに目を輝かす娘時代を過ごしていたのです。そして、親のすすめで、22歳で結婚しました。

ひばりは、歌や芸事の好きな父母のもとに生まれました。1人目の子どもです。

ひばりがお腹の中にいたとき、母親は盲腸炎になりました。それでも、子どもを無事出産したかったので、母親は、盲腸の手術をしませんでした。盲腸に氷を当てて痛みに耐えて、お腹の赤ちゃんのほうには熱くしたコンニャクを当てて温めて、お腹の中のひばりを守りました。

ひばりの出産はかなりの難産でした。陣痛が始まってもなかなか生まれず、1日たち、2日たち……1週間苦しみ続け、やっとのことで誕生しています。このとき母親は24歳、父親は26歳。

翌年に妹、そのあとに弟が2人生まれます。ひばりたちはレコードやギターに囲まれた環境のなかで育ちました。

レコードが大好きな少女

ひばりは幼いころからレコードが大好きでした。当時、ひばりの家にあったのは、「ポータブル蓄音機」といって、レコードを1枚聞くたびに針を取り替えて、ぜんまいを巻くというもの。幼いひばりは、その蓄音機をすっかり自分のものにして、家にあったレコードを毎日聴いていました。

やがて、家にあるレコードだけでは飽き足らず、レコードを買いにいくようになります。ひばりは、店が休みになると、街へ行く人がいないかどうか、大人たちの様子をよく見ていました。誰かが街へ行くことがわかると、それが誰であろうと構わずついていき、レコードを買ってもらうのです。

レコードは、自分でしっかり選びます。ひばりは、いくつかのレコードを選んで、店の人に、「これかけてちょうだい」と頼みます。店の人は、驚いていました。なぜなら、幼い彼女が選ぶレコードが、子ども向けの「童謡」ではなく、いわゆる「大人の歌」ばかりだったから。ひばりは、『九段の母』『人生の並木道』『軍国の母』などを買っていました。

そのように買ったレコードを、ひばりは毎日擦り切れるほど聴きました。1日でも聴かないでいると寂しくてたまらないのです。母親はそんな娘に好きなだけ聴かせていました。

やがて戦争が始まります。町内から出征した人が戦死すると、1週間は町内が喪に服しました。喪に服している間はレコードを鳴らすわけにはいきません。しかし、幼いひばりにはそれが我慢できず、母親を困らせました。

戦争時代ですから、いくら子どもにせがまれても、「我慢しなさい」と言うのが当時の常識だったでしょう。しかし、母親は、「レコードが聴きたい。音楽が好き」というひばりの気持ちをわかってくれました。そして、あれこれ考えて、押し入れの中でレコードを聴くことを思いつきました。押し入れの中であれば、音が外に漏れません。

母親は、「ポータブル蓄音機」のぜんまいを巻けるだけ巻いて、懐中電灯と一緒にひばりを押し入れの中に入れ、唐紙《からかみ》をしっかり閉めてくれたとか。

「もういいよ。お母さん」と言う声に、母親が押し入れの戸を開けると、そこには顔も体も汗でびっしょりになったひばりが満足そうに笑っていました。

ひばりはいわゆる「大人の流行歌」ばかりを聴いていましたが、母親はひばりの好みに対し

てもあれこれ言いませんでした。ひばりが聴きたい歌を聴かせてくれたのです。
母親としては、日々の生活が忙しく、そこまで構っていられなかったのかもしれません。そして、母親自身、レコードに夢中になった経験を持っているため、ひばりの気持ちがよくわかったのでしょう。どのような理由であったにしろ、幼いひばりは自分のしたいことを止められることなく楽しむことができました。
「心から好きなこと」「夢中になれること」「ワクワクすること」は、「生まれ持った才能」につながっています。好きな歌を思う存分楽しめたひばりは幸運でした。

幼い日の幸せな体験

1943（昭和18）年の暮れ、父親が横須賀の海兵団に入隊することになり、壮行会が行われました。当時6歳のひばりは、その壮行会で『九段の母』を歌いました。大勢の大人の前で歌うのは、初めての体験でした。

ちなみに、『九段の母』は、戦死した息子に会いに、田舎から靖国神社へやってくる母親の心情を歌った歌です。それを6歳のひばりが切々と歌い、多くの人が涙しました。

それが評判となり、ひばりは、出征兵の壮行会の席によく呼ばれるようになります。勤労動員の工場にも呼ばれて歌っています。

ひばりの父親は、入隊したとはいえ、横須賀の海兵団でしたから、しばらくすると、週に1回ずつ外泊が許されるようになりました。横須賀の街の外には出られなかったので、幾人かで下宿を借り、家族がそこに面会に行きました。ひばりも母に連れられて、何度か面会に行きました。

ひばりは、ここでも歌いました。『兵隊さんよありがとう』『戦友の遺骨を抱いて』『九段の母』を歌うと、ひげ面の男たちがボロボロと涙を流して泣きました。そして、ひばりが帰る時間になると、「今度はいつ来てくれるの?」と言って、頭をなでてくれました。

ひばりは、当時のことを次のように振り返っています。

「荒々しい時代のなかで、みんな優しいものに飢《う》えていたのだと思います。私は男の人たちの疲れてすさんだ心に、ささやかな贈り物をしてあげられたのかもしれません。そうだとしたら、あのとき私は、歌い手としてもっとも幸福なときを持つことができていたのです」

大好きな歌を歌うことによって、目の前にいる人たちがこんなに喜んでくれる、こんなに自分を待っていてくれる……。幼い日のこの体験が、ひばりを「歌手」の道へ導いたといえるかもしれません。

母はひばりの名プロデューサー

戦争が終わり、ひばりの父親が帰ってきました。

そのころ、母親の発案で、ひばりのための素人楽団が結成されます。その名は「美空楽団」（初めは「楽団スター・ミソラ」でしたが、名前が長くて呼びにくいという理由で、途中で改名されました）。

ひばりは、このときから、芸名「美空和枝《かずえ》」を名乗っています。「美空」という名前は、母親が考えました（ひばりの本名は、加藤和枝）。

この素人楽団は、ひばり、アコーディオン、トランペット、ギター、バイオリン、司会、母親の7名でスタートしています。その後、ドラムとクラリネットも入り、司会役もギター奏者として加わったので、アマチュア・バンドとしては、堂々たる編成になりました。楽団のメンバーは若くて、音楽が好きな人の集まり。いつも元気で楽しかったようです。

楽団のメンバーは勤めていない人がほとんどだったので、ひばりの家で面倒を見ました。ギャラはそれほど払っていませんでしたが、それでも練習期間は全部食事を用意し、遠い人は家に泊まらせていました。戦後、食べるものも十分でなかった時代に、わずか7、8歳の娘のために、母親はこれだけのことをして楽団を維持しました。ひばりの家は毎月相当の赤字が続きましたが、それでも母親は楽団を解散しませんでした。

ひばりの才能を認めていた母親は、娘の才能を埋もれさせないための方法を日夜考えます。思いついたのが、「自主興行」。

ひばりが9歳のとき、小さな劇場（アテネ劇場）を3日間借りきって、旗揚げ公演を主催しました。ひばりと「美空楽団」だけでは客を呼べないと判断した母親は、ちょっと名の売れている夫婦漫才を呼んでトリにすえました。

公演当日、母親と父親は、通りに出て「さあ、いらっしゃい。豆歌手、美空和枝、只今出演中！」とメガホンの声を張り上げて呼び込みをしました。働き者の父親もこの3日間は、店を閉めてひばりに付き合ってくれました。

ちなみに、この「アテネ劇場出演」が美空ひばりの正式なデビューと記録されています。

母親の作戦は大成功でした。「歌のうまい少女」のうわさは市内に広まり、プロから「大きな劇場出演」の依頼や、「四国巡業」の誘いなどがくるようになります。母親もひばりも大喜びでした。

しかし、父親は猛反対です。四国に旅巡業するなど、とんでもないと思っていました。父親も芸事は好きですし、ひばりの才能も認めていました。しかし、プロの芸人にしようとは思っ

ていなかったのです。芸人の生活を「浮草的な商売であり、たとえ一時的に成功することがあっても、必ず落ちる」と思っていた父親。「堅気」として地道に生活している彼は、娘を堅い家に嫁がせたかったのです。

「お前は、和枝（ひばり）が一生まともに結婚できなくなっても、いいのか！」

と怒鳴る父親。しかし、母親はどんなに夫が反対しても、ひばりと自分の意志を貫くことを決めていました。

「和枝（ひばり）も喜んでいるんだから、行くわよ！」

と、母親。母親が味方になってくれたおかげで、ひばりは、四国巡業に旅立つことができました。小学4年生のときです。

四国巡業の旅

初めての旅巡業。ひばりは嬉しくてたまりません。この「四国巡業」には母親もついていきました。

ひばりは4人きょうだいの長女ですから、家には3人の妹弟がいるわけですが、それでも母親は、巡業についていきました。10歳の少女が多くの芸人の中に入って初めて何カ月も巡業するのです。どんなことがあるかわかりません。何としても守ってやりたいという気持ちだったのでしょう。

母親はこの巡業中、ひばりのよきアドバイザーであり、心の支えでした。

たとえば、ひばりの楽屋は、劇場の人に交渉して「個室」にしてもらいました。「個室」といっても、立派な部屋ではなく、階段の下の掃除道具入れや物置などです。母親がそこを手早く掃除し、小さな電球までつけてくれました。

母親がひばりのために「個室」をつくったのは、「大部屋」で芸人たちが下着1枚で立てひざをついて駄菓子を投げている様子を見て、「こんななかに娘を入れておけば、きっと染まってしまうだろう。それでは大成はおぼつかない」と考えたため。

また、母親はいつもきれいに洗濯したタオルを持ち歩いて、それをひばりの枕カバーや、布団の襟カバーにしてくれました。ひばりは、きれいなタオルのカバーが気持ちよかっただけではなく、母の匂いがすることがとても嬉しかったそうです。

当時10歳のひばりにとって、慣れない土地から土地への旅に、母親がすぐ近くにいてくれたことは、心強かったことでしょう。ひばりが毎日の舞台、芸に打ち込めたのは、このような母親の愛という土台があったからこそかもしれません。

また、旅巡業中やそれ以降、学校へ行けないひばりのために、家庭教師を見つけてくれたの

も母親でした。ひばり自身、勉強をしたいと思っていたし、親としてもさせてやりたいと思っていました。ひばりは、熱心な家庭教師に恵まれ、勉強も一生懸命しました。

人生を決定づけた大事故

四国巡業中のある雨上がりの朝のこと。ひばりたち巡業一行が乗っていた路線バスが、トラックと衝突して横転し、危うく崖の下の川へ落ちそうになるという事故が起きました。幸い、崖に植えてあった木にバスのバンパーが引っかかり、車体の半分が谷側に突き出した状態で止まりました。崖の下には川が激しく流れていたので、もし転落していたら大惨事になるところでした。

この事故で、ひばりは重傷を負いました。バスから運び出されたときには、完全に意識がなく、鼻血を出していて、額は大きく陥没《かんぼつ》。右手首からは多量の出血もありました。一緒にバスに乗っていた人の話によると、「血だらけになっていて、息をしているかいないかという仮死状態だった」とのこと。

地元の医者が駆けつけたときには、ひばりの瞳孔《どうこう》は開いていて、脈もろくにありませんでした。医者に処置をしてもらったものの、30時間意識不明の状態が続き、翌日の午後3時ごろに目を開けました。

　右手首はガラスの破片で切っていましたが、この傷も幸い動脈を外れていました。もし、もう少し深く切り込んでいたら、生きていられなかったとのことです。大人になってもその後遺症か、小指だけはうまく曲がらなかったといいます。

　ひばりは、この事故で命が助かったとわかったときに、運命的なものを感じました。後年、次のように話しています。

「私の人生のテーマは、そのとき決まりました。（中略）あの事故で、死んだはずの命が助かったときに思ったんです。私の命を救ってくれた、運命みたいなものがあるに違いないって。私は歌手になるために生まれてきたんだ。だから神様が、命を救ってくれたんだ、って」

　ちなみに……。この事故が起きた大豊村《おおとよむら》（高知県長岡郡）の八坂神社には、国の特別天然記念物となっている杉の巨木がありました（一株が「南大杉」「北大杉」の二股に分かれていますが、その木の太さ、高さは日本一といわれています）。

　ひばりは、診療所の医師から、村に「日本一大きい杉」があると聞き、「どうしても祈りたいことがある」と、杉に会いにいきます。八坂神社の高い石段を上がったひばりは、樹齢2000～3000年の大杉を見上げて祈りました。

「杉さん、私はあなたのように、〝日本一〞の歌い手になります。そして、〝日本一〞になったら、杉さんのように決して折れないようにします」と。

実はこの事故のあと、母親は、娘を歌手にすることをあきらめようと思い始めていました。自分が引っ張り出したために、こんなことになってしまった。夫があんなに反対していたのに、と。

しかし、ひばりの〝祈り〞を聞いて、母親の決心もつきました。

「こんなけがをしても、歌を捨てないのね……。どんなことがあっても、お母さんはあなたの味方になってあげますよ」と。

事故のあと、ひばりの体が回復してから家に帰ると、父親は鬼のような形相で待ち構えていて、「危うく死ぬところだったじゃないか！　もう二度と和枝（ひばり）に芸人の真似はさせない。今後は普通に学校に行かせる！」と、妻を殴って怒鳴りました。父親の怒りはおさまりません。

しかし、ひばりの決意を知っている母親は、夫の言うなりにはなりません。

激しい口論が続きました。どうしてもひばりに歌をやめさせると言い張る父親。そして、何としても歌を続けさせると言い張る母親。どれだけ2人が言い争っても平行線でした。父親も母親も、娘の幸せを思って言っていることですから、引かないのです。

「じゃあ、和枝（ひばり）の気持ちを聞きましょう。この子が納得したら、もうぷっつり芸事はやめさせます」と、母親。父親もその意見に同意しました。親の考えや思いを押しつけるのではなく、娘の気持ちを聞こうという結論に至ったのです。

ひばりを呼んで、父親が言いました。

「今回の四国巡業で懲《こ》りただろう。歌はやめるだろう？」

ひばりは涙をためてきっぱりと言いました。

「歌をやめるくらいなら、私、死ぬ！」

こうして、ひばりは自分の決意を通しました。母親はこのあとも、ひばりのそばで、支え続けました。

NHKラジオ「のど自慢素人音楽会」の予選

これは、ひばりが9歳のときの話です。

当時、NHKラジオの「のど自慢素人音楽会」が、国民の間で爆発的な人気を博していました。これは、戦後の1946（昭和21）年1月から始まったもので、「カーン」という鐘ひと

つで落選を知らせるユーモラスな明るさが、大衆に受けていました。応募者が多く、予選を通過できたのはわずか1割程度。そんなわけで、予選では、不合格ならば1小節を歌い終わらないうちに「カーン」と鐘が鳴って、「ご苦労さま」の声がかかっていました。

ひばりは、この「のど自慢」の予選に出場しています。

予選会場でひばりが歌い出すと、1番を歌い終わっても、2番を歌い終わっても鐘が鳴らず、3番を歌い始めると、「ちょっと待ってください」と制止されてしまいました。合格の鐘も不合格の鐘も鳴らないというのは前例のないことでした（1曲歌い終わってしまい、ほかに歌えませんかと言われて、違う曲も歌ったとも伝えられています）。

結局ひばりは、予選を通過できませんでした。のちに天才少女と呼ばれ、その抜群の歌唱力を絶賛されたひばりが、「のど自慢」の予選は通過できなかった……。

ひばりが合格できなかった理由は、「子どもが大人の歌を歌っても審査の対象になりえない。歌はうまいが、非教育的」というものでした。曲が「大人の歌」ではなく「童謡」だったら、間違いなく合格していたでしょう。ひばりも母親も悔しい思いをしました。

ひばりはデビュー後も、「子どもが大人の歌を歌っている」という理由で、さまざまな「嫌がらせ」や「批判」を受けます。しかし、ひばりはどうしても「子どもの歌」を自分の歌と思えませんでした。だからいくら嫌がらせや批判の標的になっても、自分の心にしたがって「大人の歌」を歌い続けました。誰に何と言われようと、母親も、「大人の歌」を歌うひばりを支え続けてくれました。なんと心強かったことでしょう。

ＮＨＫラジオ「のど自慢素人音楽会」の予選に合格できなかった翌年、横浜で、市民による「のど自慢大会」が行われました。

天下の古賀政男《こがまさお》が審査員として来ているという情報を得た母親は、ひばりの歌を聴いてもらおうと、会場に向かいました。娘の実力を信じていた母親でしたから、娘の歌が鐘に価《あたい》しないのかどうかを、古賀政男に聴いてもらいたかったのでしょう。前年のＮＨＫ「のど自慢」のリベンジです。

飛び込みのお願いであり、楽団の片付けもすんでいたため、スタッフはひばりと母親の願いを断りました。しかし、２人の真剣な表情に圧倒された古賀は、ひばりの歌を聴いてくれました。ひばりが歌った曲は、古賀政男が作曲したヒット曲『悲しき竹笛』。

古賀は、歌い終わったひばりの頭に手を置いて、「君はのど自慢の段階じゃない。もう、立派にでき上がっている。本当の歌手になるなら、頑張りなさいよ」と言ってくれました。ひばりと母はどれほど嬉しかったことでしょう。

それから８年後、古賀とひばりは『娘船頭さん』でコンビを組んでいます。さらに『柔《やわら》』

『悲しい酒』と、古賀メロディーの中でも記念すべき作品をひばりが歌っています。

母親とやってきた少女（10歳のひばり）の歌を聴いたとき、古賀は「なんて気持ちの悪い子だろう」と思ったそうです。それは、「気持ちが悪いほど素晴らしい才能だ」という意味。そして、「私の表現しようとした歌の心を、この歳で心憎いほどつかんでいる少女を末恐ろしいと思った」とのこと。そのひばりと数年後にはコンビを組んでいるのですから、人の出会い、めぐり合わせというのは面白いものです。

小学校の卒業をめぐって

ひばりは、小学4、5年のとき、出席日数がそれぞれ年間で80日ほどでした。6年のときは、ほとんど登校していません。歌に映画に引っ張りだこのひばりでしたから、そちらを優先すると学校には通えなかったのです。

小学校卒業式の日、ひばりは卒業証書をもらえませんでした。手渡されたのは「仮免状」。クラスメートの中には、

「あきれた。加藤（ひばりの本名）は、小学校を落第だ！」

「加藤は、卒業できないんだ！」

などと言う子もあり、ひばりは悔し涙があふれてこらえきれませんでした。

ひばりは、舞台や歌の合間も、家庭教師について勉強をしていたし、小学生で落第をするなんて思ってもみなかったので、そのショックは相当なものでした。家に帰って、両親に仮免状を渡し、一部始終を話すと、父親も母親もひばりと一緒に泣いてくれました。

実は、ひばりの卒業をめぐって、学校・教育委員会側と、ひばりの親やマネージャーとの間で何度も話し合いがされていました。この出席日数では卒業させるわけにはいかないというのが学校側の意見。何度も交渉した結果、「春休みに1日も休まずに学校に通い、最後の試験にも合格できたら卒業を認める」ということになり、ひばりは春休みに毎日学校に通って試験にも合格し、無事小学校を卒業しました。

娘を芸人や職業歌手にするのではなく、普通に「小学校」に通わせたいと思っていた父親。娘を普通に「小学校」に通わせることより、好きな道へ進ませることを選んだ母親。

どちらがいい、悪いということではないですが、「美空ひばり」が天才的な才能を存分に発揮できたのは、母親がこういう選択をして味方になってくれたおかげといえるでしょう。

ひばりは、いわゆる「普通の小学生」のような学校生活は送れませんでしたが、その分、かけがえのない時間を、自分の好きなことに注ぎ、大きく羽ばたくことができたのです。幸せだったのではないでしょうか。

父の愛

前にも書きましたが、ひばりの父親は、娘を芸人にすることに大反対でした。

しかし、ひばりが四国巡業に出かけると、父親はひばりに衣装を送っています。大反対しているのであれば、ほうっておくのでは？　と思うのですが、やはりかわいいわが子にできることをしてあげたいという思いがあったのでしょう。

NHKラジオ「のど自慢素人音楽会」の予選のときは、会場まで行って応援しています。劇場に出演したときは、鯛を焼いてお祝いしたり、宣伝ポスターを書いたり、客の呼び込みをしたりしています。

レコーディングの試験に行ったこともありますが、そのときは、赤飯を炊いてお祝いをしています。

こういった父親の行動からは、娘の幸せを願うゆえに、プロデビューすることに反対していたものの、娘のことを愛し、応援していたことが伝わってきます。

ひばり自身も父の愛を感じていました。「父も母も本当に私たちを愛してくれました」と、のちに語っています。

母の存在

ひばりの母親は、「私が、いちばんのひばりのファンだ」と繰り返し言っていました。いつも近くでひばりの気持ちをわかってくれ、その才能を信じてくれた母親。いつも相談に乗ってくれたりアドバイスをしてくれたりした母親。

ひばりのマネージャーであり、プロデューサーでもあった母親は、「美空ひばり」をどのようなかたちで出演させることがもっとも生かすことになるのか、最高の力を発揮させるにはどうしたらいいのか、ということを常に考え、工夫し提案してくれました。ひばりと母親はまさに「二人三脚」で芸能界の道を歩き続けました。

幼い子どもが芸能界という厳しい世界のなかで歌い続けるということは、並大抵のことではありませんでした。たとえ歌がうまくて演技力があったとしても、精神的につぶされてしまう可能性がありました。そんななかで、母親はひばりの気持ちを大切にし、ひばりを支持し、守り続けてくれました。

ひばりの父親は子煩悩《こぼんのう》で愛情深い人でしたが、「気が短い」という面もあり、妻だけでなく子どもに手をあげることがありました。そんなとき、母親は顔色を変えて、

「それだけはやめて！　子どもがひねくれてしまう。口で言って聞かせればわかります」

と、守ってくれました。

子どもがすくすく育っていけるように、家庭の中でも外でも、子どもの「心」や「才能」をつぶすさまざまなものから守ってくれた母親でした。

子どもは、自分の才能を心から信じて応援してくれる存在のもとでは、安心して力を発揮できます。ひばりの母親はそういう環境をつくってくれた人でした。

ひばりは「母が与えてくれたものは大きかった。今の私がいるのは母あればこそ」と言っていました。ひばりの母の姿を見るとき、なるほどその言葉どおりだという気がしてなりません。

正観コラム

後天的遺伝

「子どもを殺した親」のニュースがとび込んできます。「泣きやまないので」とか「ストレスでイライラして」とか、親としては考えられない理由が少なくありません。こういう「わが子を殺す」タイプの親に対し、面談し指導をする精神科医がおられるのですが、子を殺した親だけでは問題が解決しないのだそうです。

その人の母親が生きている場合には、一緒に話をするのだとか。「わが子を殺した」人には、だいたい共通項があるらしいのです。それは、「あんたなんか生まれてこなければよかった」「あんたを産むつもりはなかった」と言われ続けてきたこと。その言葉のとおりに母親から接せられると、〝親子関係〟のなかの「愛情」や「優しさ」というものが伝わらない。だから、わが子に対しても優しくなれない……、そういう構図のようです。

で、その人の母親ともども話し合って、母親から「あなたをいとしく、かわいく思っている」という言葉を伝えてもらうと、「わが子を殺した」人も、初めてわが子にいとしさを感じて自分のしたことの重大さに気づきます。

母親が子どもに〝何気なく〟言っている言葉で、子どもの心が形成されていき、それがまた子どもに伝えられる……。母と子にはこんな〝後天的遺伝〟もあるのです。

9

ヴォルフガング・アマデウス・モーツァルト

子どもの意思を尊重した、朗らかな母親

作曲家・演奏家

1756 年 1 月 27 日～ 1791 年 12 月 5 日（35 歳）

モーツァルトについて

モーツァルトは、5歳で作曲を始めて、6歳からヨーロッパ各地を演奏旅行しています。『モーツァルト年譜』を編纂《へんさん》したヨーゼフ・ハインツ・アイブルの計算によれば、モーツァルトの生涯は日数にして1万3097日（約35年と10カ月）、そのうち3720日（約10年と2カ月）が、旅の日々だったといいますから、モーツァルトの人生は、ほぼ3分の1が旅でした。

6歳から出かけた演奏旅行で、モーツァルトの神童ぶりは西ヨーロッパ中に知れわたり、どの街を訪れても大歓迎されました。

ゲーテが若いときに、7歳のモーツァルトがコンサートで演奏するのを聴いたことがありましたが、「そのレベルは絵画のラファエロ、文学のシェイクスピアに並ぶと思った」と回想しています。ちなみに、ゲーテは「天才」を、「創造力」とそれによって生み出された作品が「長く影響力を持ちうるかどうか」で定義していましたが、彼によると「モーツァルトのすべての作品は天才の作品」とのことです。

モーツァルトは作曲するとき〝鍵盤〟に向かって弾きながら進めるのではなく、〝楽譜〟に向かって一気に書き上げていたことで有名です。何種類もの楽器で演奏するオーケストラの曲でさえ、すべてのパートがすでに頭の中にでき上がっていて、それを楽譜に写しているとしか思えないほどの速さだったと伝えられています。その集中力とスピードは誰もが信じられないほどだったとか。彼の妻は、「あの人は手紙を書くのと同じように楽譜を書きます」と語っていました。

有名なエピソードとして、オペラ『ドン・ジョヴァンニ』の序曲を、初演の前日に一夜で完成させた話や、演奏会前夜に1時間で『ヴァイオリン・ソナタ』を作曲した話が伝えられています。しかも、『ヴァイオリン・ソナタ』は、楽譜を書いたのは相手の演奏部分のみで、自分の部分は楽譜も書かず、頭の中に入れておいて翌日演奏してしまったとのこと（しかし、近年のモーツァルト研究で、モーツァルトがひとつの作品をつくり上げるまでに曲のスケッチをした跡が発見されています。ですから、努力をしていないというわけではなさそうです。モーツァルト自身、「ぼくだって、大いに努力しました。そのおかげで今はもう努力しなくてもすむようになりました」と手紙に書いています）。

また、モーツァルトの音楽は、「曲が聴き心地がよい」ということだけではなく、「教育や治療にも効果がある」という報告もされています。胎教にいいとか、計算が速くできるようになるとか、モーツァルトの音楽を聞かせたら作物がよく育ったとか、乳牛に聞かせたら普段より質のいい乳を出すようになったなど、人間だけではなく、植物や動物にもその効果が表れています。そういう意味でも、モーツァルトは、〝天才〟といえるでしょう。

モーツァルトの作品数は、楽譜が現存しているものだけでも626曲。交響曲、協奏曲、室内楽、ピアノ曲、オペラなどあらゆる分野に傑作《けっさく》を残しています。

モーツァルトの才能を見抜き、教育をしたのは父親だったといわれています。

モーツァルトの家族

モーツァルトの父親は、プロの音楽家でした。ヴァイオリニストであり、作曲も幅広くしています。また、音楽教育の面でも認められていました。

彼は、ヴァイオリンの教則本を出版していますが、それは素晴らしいものでした。18世紀後半のドイツでは、すぐれたヴァイオリニストのほとんどがその教則本で練習していたほど。その本は、ヴァイオリンの演奏に関することだけではなく、「楽典」や「音楽概論」、「簡単な音楽史」や「演奏一般についての包括的な記述」なども盛り込んだ音楽全般についての入門書的なものでした。

モーツァルトの父親は、幼いころからいわゆる〝頭のよい子〟で、大学に進んで哲学や法学を学んでいます。しかし、大学は途中で退学。その後、ヴァイオリンを弾いて貴族に仕え、24

歳で念願のザルツブルク大司教宮廷楽団のヴァイオリン奏者（プロ）となりました。その3年後に、結婚します。

一方、モーツァルトの母親は、音楽をたしなんでいたわけではありませんでした。彼女の父親はザルツブルク宮廷の地方管理官で、聖ペテロ大修道院で「教師」と「歌手」を務めていたことがありましたが、彼女が4歳のときに急死しています。また、彼女は3人姉妹の末っ子でしたが、上の2人は幼いときに亡くなっています。母親も病気がちでした。そういう状況のなか、モーツァルトの母親は明るく快活な性格を失わず、人を笑わせるのが上手な女性に成長しました。そして、27歳で結婚します。

モーツァルトは、そんな2人の7番目の子どもで、末っ子です。オーストリアのザルツブルクで生まれました。モーツァルトを産んだとき、母親は35歳でした。

モーツァルトの両親には次々に子どもが生まれましたが、そのほとんどが幼いころに亡くなっています。そのように生存率が低いことは、当時ではごく普通のことでした。モーツァルトが生まれたときに生き残っていたのは、4歳半年上の姉、ナンネルだけでした。

ピアノとの出会い

父親は、娘のナンネルが7歳になったころから、ナンネルにハープシコード（鍵盤楽器　ピアノの前身）を教えています。

父親は娘のレッスン用に、練習曲を幅広く集めて、段階式に編集した『ナンネルの楽譜帳』をつくりました。この楽譜帳を使って、演奏の技術を身につけさせながら、楽典の知識も教え込んでいました。父親の教え方も素晴らしかったでしょうし、ナンネルの才能も素晴らしかったのでしょう。ナンネルは、ピアノの名演奏者になっています。

父親がナンネルにレッスンを始めたころ、モーツァルトは3歳でした。姉のレッスンをじっと眺め、興味を示します。そして、自分でもハープシコードを弾き始めました。3歳のモーツァルトは、きれいに聞こえる和音を探して、いつまでも楽器を鳴らして満足げな様子だったそうです。

父親がモーツァルトに曲を教え始めたのは、モーツァルトが4歳になってからです。最初、遊びがてらいくつかの曲を教えてみました。するとどうでしょう。驚く速さで上達していくではありませんか。7、8歳の娘のためにつくった『ナンネルの楽譜帳』の練習曲を、モーツァルトは、いとも簡単に、それも短時間でマスターしてしまいました。

父親は息子の異常なまでに速くて見事な楽才の芽生えに感激して、その記録を細かく書き残しています。モーツァルトの才能をいち早く発見したのは、父親でした。

モーツァルトは、5歳で作曲を始めます。最初の曲を楽譜に書き取ったのも父親。

実は5歳の誕生日の2、3週間前にも、モーツァルト自身が書いた「協奏曲」があります。しかし、それはほとんど判読不能でした。父親とその友人がモーツァルトの書いた楽譜を見て、笑っていましたが、やがて父親はその楽譜をじっくり見て驚き、「なんと規則どおりに書いてあることだ。ただ、難しすぎて誰にも演奏できないよ」と言ったそうです。

それを聞いたモーツァルトは、「これは協奏曲なんだよ。うまく弾けるようになるまで練習しなきゃいけないよ。見ていてよ」と言って、その曲を自分で弾いてみせました。

なぜ判読不能だったかというと、モーツァルトがインクの使い方を心得ていなかったためでした。インクのビンにペン先をたっぷりつけて書いたので、そのインクがポタポタと楽譜のあちらこちらに落ちていたのでした。モーツァルトはそれでもお構いなしで、楽譜に書き続けていたそうです。モーツァルトは熱中すると、それのみに集中するタイプでした。

モーツァルトが子ども時代につくった曲は、交響曲、ピアノ協奏曲、ヴァイオリン・ソナタ、室内楽作品、嬉遊曲《きゆうきょく》、オペラ、演奏会用アリア、ミサ曲など各種にわたりますが、どれもすでに素晴らしいレベルに達しています。

モーツァルト

少年モーツァルトはすっかり音楽に夢中になっていました。ほかのことには時間を使わず、遊びのなかにも音楽を持ち込んでいました。

モーツァルトは、新しい楽器を習得する才能も並外れていました。7歳になる前にヴァイオリンを自分で覚えてしまい、人前でも演奏できるほどになっています。オルガンも、少し説明したらすぐにできるようになり、まるで何カ月も練習していたかのように即興で演奏していました。彼が音楽の素晴らしい才能を持って生まれてきたことは、疑いようがありません。

父親は、自身の作曲も、ヴァイオリンの教授も放棄して、宮廷に仕える以外のすべての時間を、子どもの教育に向けるようになります。

演奏旅行の日々

父親は、子どもたちの素晴らしい才能を十二分に開花させ、神童ぶりを広く知らせるために、子どもたちを演奏旅行に連れていきました。

その演奏旅行によって、モーツァルトは「本場の音楽」や「音楽家」たちに直接触れ、音楽家として多くのことを吸収することになります。

初めての演奏旅行は、ミュンヘンへの3週間の旅。父親と姉のナンネルとモーツァルトの3

人で出かけました。モーツァルトは、この旅先で6歳の誕生日を迎えています。出発したとき、次の演奏旅行は、母親も含めて一家4人でヨーロッパへ出かけています。モーツァルトは7歳。この旅は3年半も続きました。

初めは、それほど長期間にわたるつもりではなかったのですが、行く先々で賞賛を浴び、偉大な人々から目をかけてもらい、喜びや利益を得るという具合だったので、一家は帰郷を〝先のばし〟にし続けたのでした。

その旅から戻ってきたころ、10歳のモーツァルトはすでに「演奏家」としても「作曲家」としてもひとかどの存在になっています。

演奏旅行は、父親の厳密な管理のもとで行われました。父親はとても真面目で厳格なうえ、気配りも抜群な知識人、教養人でした。何でも最悪のことまで考えて計画を練るというタイプ。手配をすべて整え、旅行程を決め、宿を予約し、信用状や紹介状を準備します。モーツァルトはそんな父親に「従順な子ども」でした。

当時は、今とは違って飛行機や鉄道で移動できない時代です。道路状態が悪いなか、一日中馬車に揺られての移動は、それだけでも大変でした。そのうえ、旅には危険や不便がつきまといました。食料事情、国ごとに言語が違うという問題、凶暴な追いはぎ、疫病の脅威《きょうい》など、まさに命がけ。演奏旅行中に、モーツァルトと姉は、当時流行していた伝染病にすべてかかっています。

そんな演奏旅行が3年半も続いたのですから、幼いモーツァルトたちは、精神的な面でも身体的な面でも大変でした。この旅には母親も同行していますから、子どもの心のケアや、病気の看病などは母親が担当しました。彼女は朗らかな人でしたから、幼い子どもたちにとって、母親が一緒にいてくれることは救いになっていたに違いありません。

厳しい父のもとで

モーツァルトが10歳から18歳までの演奏旅行は、父親と2人で出かけています。この演奏旅行も、父親がすべてを管理していました。

モーツァルトは幼いころから演奏旅行の日々でしたので、「学校」と名のつくところには行っていません。音楽以外の教育も父親が行っていました。モーツァルトが学ぶことは、父親が決めていました。

モーツァルトは、フランス語やイタリア語をほぼ完璧にこなし、英語・ラテン語の読解力も十分ありましたが、これは父親が徹底して教えた結果です。そのように語学をマスターしていたからこそ、モーツァルトは他国のオペラ曲においても、素晴らしい作品をつくることができました。数学、哲学、科学、地理も父親が教えています。

父親はモーツァルトのことを「真の天才」だと思い、誇りに思っていました。しかし、モーツァルトの師であり、秘書でもあった父親は、モーツァルトに厳しい非難をぶつけてくることもありました。モーツァルトはその非難に耐えていましたが、次第に、父親への服従が重荷になっていきます。

モーツァルトは旅の途中、家にいる母親や姉に、自分がひどく恋しく思っていることや、忠実に家族の収入を増やしていることを手紙で書き送っています。また、父親の書いた手紙に追伸をつけ加えて、「母親に1万回、百万回のキスを、姉には心からの抱擁《ほうよう》をおくる!」と書いたりもしていました。姉への手紙は、ダジャレやジョークであふれていました。

これらの手紙を見ると、父親に服従していた「良い子」のモーツァルトにとって、母や姉の存在が心のよりどころだったのではないかと思われます。父親と2人の演奏旅行は楽しいことばかりではなく、むしろ大変なことが多かったようですから……。

「今、自分がしていることは、家族に収入をもたらしていて、母や姉も喜んでくれている」と思うことが、彼の励みになっていました。

母との演奏旅行

そんなモーツァルトが、初めて父親から離れて演奏旅行に出かけたのは21歳のときです。これは、モーツァルトの就職口を探すための演奏旅行。

仕事の都合で同行することができなかった父親は、悲しみに打ちひしがれていました。しかし、14、15歳のころから父の監督や保護を重荷に感じていたモーツァルトは、この演奏旅行で自由を満喫し、大きな解放感を味わっています。

父親は息子が成長してくると、性的な執着に足をとられはしないかと心配していました。そのため、モーツァルトの性的成熟に関しては、強圧的だったとのこと。父親は、この演奏旅行に母親を同行させていますが、それは「モーツァルトの身のまわりの世話役」だけでなく「女性関係の監視役」のためでした。

この演奏旅行の目的「モーツァルトの就職口探し」は難航しました。父親は、旅行中に息子に頻繁《ひんぱん》に手紙を書いています。その手紙には、息子への「叱咤激励《しったげきれい》」「助言」「警告」「叱責」「説教」があふれていました。

しかし、モーツァルトは、そんな父親の意に背き、初恋の相手に熱中します。それまで、父親に従順な息子でしたが、この旅を機会に、徐々にその束縛《そくばく》から離れていきました。

母親はモーツァルトに叱咤激励や説教をする人ではありませんでした。「息子の世話役」兼「女性関係の監視役」として旅に同行したわけですが、母親は、モーツァルトの恋愛にも就職探しにも一切口を出しませんでした。

だからこそ、モーツァルトは自分のペースで動くことができ、恋を楽しむこともできました。母親が父親と同じようにモーツァルトを束縛していたら、こうはいかなかったでしょう。

一生懸命やっていても思うように事が運ばないとき、「今日は成果があったのか」と聞かれたり、「おまえのこういうところがよくないんじゃないか」と、忠告・助言されたりすると、かえってつらいものです。そんなときに、自分を信頼し、任せてそっとしておいてくれた母の存在はモーツァルトにとって、とてもありがたかったのでした。

先のことになりますが、モーツァルトは、ザルツブルクから離れて音楽の都ウィーンに定住します。その要因はいろいろあったのですが、管理的な父親から離れたいという気持ちがモーツァルトを突き動かしたのではないかというのが定説です。モーツァルトはウィーンで数々の名曲をつくっていきます。

母が与えてくれたもの

モーツァルトの母親には、音楽に関する知識や技能があったわけではありません。彼女は、夫の子どもたちへの教育に協力的で、夫のやり方に反対をすることはありませんでした。しかし、ときどき息子や娘に対する夫の過剰な要求を和らげる役目をしていました。

また、誠実な働き者で、人なつっこく、朗らかな性格でした。家事に熱心で、家計を切り回していくのが上手だったようです。夫は心配事や憎しみを持つタイプでしたが、彼女にはそういうところがありませんでした。

楽天的で冗談好きな彼女と、凡帳面な努力家タイプの夫は、「ザルツブルクの中で、もっとも仲むつまじい夫婦」といわれていました。それぞれの持ち味を生かしてうまく釣り合いがとれていたのでしょう。

モーツァルトは楽天的で明るい性格でした。また、苦しみや悲しみというものに長くこだわらない性格でもありました。これらは、母親から譲り受けたもののようです。モーツァルトの音楽の持つ、明るい透明感や快活なリズムは母親の特徴かもしれません。

一般に、モーツァルトを育てたのは父親だといわれています。

確かに、モーツァルトの才能を見出し、音楽教育をして、音楽の中心都市に演奏旅行に連れていき、本場の音楽を体験させてくれたり、その才能を世間に知らしめてくれたりしたのは、ほかならぬ父親でした。

しかし、そんな夫に忠実に仕え、夫と同じように息子の才能を信じ、息子を明るく朗らかに包んでくれた母親も、モーツァルトには貴重な存在でした。

ピカソの両親も、モーツァルトの両親と似ている

画家の「ピカソ」も、同じような例かもしれません。

ピカソの才能をいち早く見出し、画家としての教育をしたのは父親でした。美術館めぐりをして、数々の名作に出会わせてくれたのも父親です。

ピカソの父親は、美術教師であり、美術を教えながら自分でも絵を描いていました。そんな父親は、あるとき息子の「素晴らしい才能」に気づきます。そして、自らは絵筆を絶ち、自分の人生をピカソの育成にかける決心をしたのでした。

美術教師をしている父親は、息子に忠告や批評をするのですが、ピカソは次第にそれをうる

さく感じるようになります。

父親はピカソの作品を見ては、優れた作品か失敗かを判断していました。ピカソのスケッチに「優秀」「失敗」と書き込みます。しかし、ピカソは自分の作品をそのように評価されることが嫌でした。

そんなとき、理屈抜きに自分のことを認めて信じてくれる母親のほうが、ずっとありがたいと思うようになります。

母親は息子のピカソと仲がよく、快活な人。内向的な夫のよきパートナーとなって家事を切り盛りしていました。そして、息子ピカソに対して、「素晴らしい才能がある！」と信じて疑わない人でした。

母親はピカソにこう言っていました。

「お前が軍人になれば、いずれ将軍になるでしょう。修道士になれば、法王になるでしょう」

根拠を見つけてそう言っていたのではありません。

母親は、無条件にピカソのことを崇拝していたとのこと。「誰が何と言おうと、私はあなたのことや、あなたの才能を信じていますよ」と。そして、それをピカソに伝えていました。決して否定しないのです。あれこれ評価しないのです。

実は、ピカソは、ごく初歩的な読み書きや足し算さえできないほど、勉強が苦手でした。授業中にじっと座っていることも苦手。学校の試験は、先生が「カンニング」をさせてくれてやっと合格できたほどです。彼は、晩年になってからも、「いまだにアルファベットの順番がわからない」と告白しています。

両親は、そんなピカソに勉強を強いることはなく、好きなように絵を描かせていました。ちなみに、父親は初歩的な勉強もできない息子の将来を案じたようですが、母親は、何の心配もしていませんでした。

母親はピカソのよき理解者でもありました。ピカソが19歳でパリに行きたいと言ったとき、父親は、他国に息子が行くことを不安に思い、金銭的な余裕もなかったのでためらっていました。しかし、母親が「思うようにさせてやってください。それがこの子を生かす道だと思います」と夫を口説いてくれたとのこと。そしてなんとか金銭の工面をしてパリに送ってくれたのでした。

ピカソは、その後、次々と自分の作品の様式、構造を更新するという独創的な画家となり、生きている間に広く世界に認められました。また、絵だけではなく、彫刻や、陶器、詩など、さまざまなものを生み出しています。

その天才芸術家ピカソの子ども時代には、「あなたには才能があるのよ！」と信じて決して否定しなかった母の存在があったのでした。

モーツァルトやピカソの母親たちは、夫のような「音楽教育」や「美術教育」の知識や経験を持っていませんでした。しかし、夫のように心配性でなく、子どもに全幅《ぜんぷく》の信頼を置いていたという点で、息子たちの才能を伸ばすことに貢献していたといえそうです。

〝そこに行けば、子どもがあれこれ評価されることなく、楽になれる〟

……子どもが生まれ持った力を十分発揮するには、そんな、「オアシス」のような場所が必要なのかもしれません。

正観コラム

人物をつくる4つの要素

約２５００年前のインドに生きていたお釈迦様は、「人物をつくる４つの要素」というのを弟子たちに残してくれました。

お釈迦様が言った「人物」というのは、「世の中に寄与《きよ》し、まわりからその存在を喜ばれる人」という意味だと私は解釈しているのですが、その４つの要素とは、

貧乏
読書
感動
母親の感化

というものです。

「貧乏」は、必ずしも経済的に困窮《こんきゅう》しなさいという意味ではないでしょう。額に汗して得たお金は、ギャンブルなどに使いません。自分の働きの対価としてこのくらいの価値、ということを教えましょう、ということだと思います。

「読書」は、未知なる世界に誘《いざな》ってくれて、その人を広く大きくする。

「感動」は、人間形成に大きな影響を与えます。

4番目の「母親の感化」は、母親が本当に子どもを育てているのですよ、母親の影響が強いのですよ、と言っているようです。

では、父親の親としての役割はないのか。

根源的に、父親は母親が安心して、心を安定させて子育てができるように、経済的に精神的に安定させること。間接的な参加、ということになりそうです。

もうひとつ重要なことは、「親離れ」をさせること。母親と子どもとを引き離す（子を自立させる）ことが父親の2つ目の役割。父親は寂しい存在、なのかもしれません。

10
吉田松陰

自分の姿で、
子どもを教育した母親

子どもは、母の教えを受けることが多い。
幼い子に対しては、言葉で諭《さと》すのではなく、
母の正しい行いで感化するほかない

思想家・教育者
1830 年 9 月 20 日～ 1859 年 11 月 21 日（29 歳）

「松下村塾《しょうかそんじゅく》」での教育

吉田松陰《よしだしょういん》は、素晴らしい教育者でした。まず、松陰の「人育て」を見てみましょう。

松陰が主宰した「松下村塾」は、高杉晋作《たかすぎしんさく》、伊藤博文《いとうひろふみ》、山県有朋《やまがたありとも》など、明治維新の原動力となり、日本の近代化に大きく貢献する人を何人も送り出しています（内閣総理大臣2名、国務大臣7名、大学の創始者2名など）。

驚くのは、「松下村塾」で松陰が教えていたのはわずか1年1カ月（塾舎ができる前から数えても2年10カ月）という短い期間であったこと。そして、高杉晋作、伊藤博文をはじめとする明治維新の立役者たちは皆、松陰と出会うまでは、ごく普通の一青年だったということ。

当時「藩校」では、「士族」しか学べませんでしたが、「松下村塾」は、身分、年齢、学力に関係なく、希望する者を誰でも受け入れていました。半数は、足軽や町人などの「庶民」。のちに内閣総理大臣になった伊藤博文は農家の長男でしたし、山県有朋は足軽《あしがる》以下の身分でした。

そんな彼らが松陰と出会い、松陰の教育を受けることにより、江戸幕府の終焉《しゅうえん》、及び明治維新を実現させるような人物に変容していったのです。

いったいどのような教育がなされていたのでしょうか。

松陰の教育方針は、「人にはそれぞれよさがある。よくないところを指摘するのではなく、よいところを見出して、それを伸ばしていく」というものでした。「個性教育」こそ、教育の原点であるとして、「一人ひとりの個性」を大切にしたのです。

松陰は、塾生たちのよい点、優れた面を見出し、「あなたのこういうところが、素晴らしい！」と褒めたたえます。いわゆる「不良」と呼ばれる青年たちも入塾してきましたが、彼らも見事に変わっていきました。

また、塾生たちと「同志・友人」として接し、共に学ぶ姿勢を貫きます。授業では、松陰の「講義」だけではなく、今現在の情報を各地から集め、時事問題や今後の展開について、塾生と一緒に考えて話し合う「討論会」をとても大切にしていました。師が座る場所が決まっていなかったので、新入りの塾生は、どの人が「松陰先生」なのかわからなかったそうです。

塾生たちと食事をとり、畑仕事をし、塾舎の建て増しも一緒にやりました。遠方の塾生とは寝泊まりも一緒にしています。塾生を規則で縛りませんし、誰からも授業料をとっていません。

松陰は一人ひとりが大切な素晴らしい存在であることを、誰よりも信じ、塾生を敬愛する気持ちで接していたとのこと。尊敬する先生から信頼され、自分の素晴らしい点を敬《うやま》われた塾生たちは、自分に自信や誇りを持ち、眠っていた才能を発揮していったのです。

「獄中」での教育

23歳半のときに「密航」の罪で投獄された松陰は、「獄《ごく》」でも素晴らしい教育を行いました。

松陰が入れられた「野山獄《のやまごく》」は、「あそこへ入れられたら、一生出られぬ」という評判の、毛利藩の武士たちの獄。松陰が入ったとき、11人の囚人がおり、短い人で1年、長い人で47年もの間、絶望と孤独の日々を送っていました。

松陰は、「学問や教えによって獄を変えて、囚人たちが早く出獄できるように」と考えます。まず、常に人を敵視していた囚人に書物を貸して話をする機会をつくりました。また、新入りとして食事や雑務の世話をし、病人のために医書の研究をし、親しみを持って囚人たちに接します。松陰はどんな人に対しても和やかな人間関係をつくる名人でした。

そうしているうちに、松陰にものを聞く「獄中座談会」が始まりました。松陰は、国家の様子など、さまざまな話をしました。『孔子《こうし》』や『孟子《もうし》』など、中国の古い教えの講義や読書会も行いました。

世間と隔離され、生きる希望をなくしていた囚人たちは、松陰の熱心な話を聞くうちに、いろいろなことを理解できるようになります。それはとても嬉しいことでした。

囚人の中には、俳諧や書道に優れている人がいました。松陰は、彼らに俳句や書道の先生になってもらいます。そして自分も彼らの生徒として熱心に学びました。最初は遠慮して、「先生」になることを嫌がっていた囚人たちでしたが、個性を認められて、生きる喜びを取り戻していきます。獄の中の雰囲気がみるみる変わっていきました。

「邪魔だ」「お前なんか生まれなければよかった」などと言われてきた囚人たちは、「先生」として敬われて、皆が涙を流したそうです。

こういった様子に感動した獄吏《ごくり》（獄の番人）は、獄則で禁止されていた筆墨の使用を許可してくれたり、夜間点灯を許可してくれたりしました。

松陰は、1年2カ月後に出獄しますが、その後も囚人たちと手紙のやり取りをします。囚人たちは、牢獄の中でも希望を持って生き、悔い改めた心情を認められて出獄する者や、出獄後、松下村塾の手伝いをする者もありました。松陰が野山獄に入獄してから約3年後までに、8人の囚人が出獄しています。これは毛利藩刑罰史上かつてないことでした。

「ごく普通の青年」が「日本を動かす人物」になり、「何年も絶望のなかで生きていた囚人」が生きる希望を持って生まれ変わる……。松陰の教育は、「人は誰もが可能性を持っていて、それを信じ認め愛してくれる存在に出会えたら、いつからでも開花できる可能性がある」ということを、教えてくれている気がします。

松陰は、目の前の人たちを大切にし、素晴らしい力を引き出し、明るい気持ちを呼び起こす人でした。

「人の子の賢いのも、愚《おろ》かなのも、善いのも、悪いのも、たいてい父母の教えによる。10歳以下の子どもは、母の教えを受けることが多い。教えるといっても、幼い子に対しては、言葉で諭すのではなく、母の正しい行いで感化するほかない」

これは、松陰が実妹に出した手紙の一部です。この手紙は長文で、途中「胎教」にも触れ、最後は「子どものときに聞いたことは、年をとっても忘れないから、つまらぬことを聞かすことよりも、少しでもよい話を聞かせたほうがいい」と結んでいます。

子どもは「母親の行い」で感化するほかないと言っていた松陰。松陰自身も母親の行いに感化された人でした。そんな吉田松陰を育てた母親は、どのような人だったのでしょうか。

松陰の両親

松陰の父親は、長州（毛利）藩の下級武士、杉家の長男でした。下に弟が2人、妹が3人いました。彼が21歳のとき、その父親が病死したため杉家を相続します。杉家は貧しく、仕官の仕事だけでは生活できない状態でした。松陰の父親は、2人の弟たちには学問を続けさせ、自分は仕官の仕事の傍ら、畑を耕し、草を刈り、縄をない、薪《たきぎ》をとるなどあらゆる仕事に精を出し、朝早くから夜遅くまでよく働きました。

非常に本が好きだった彼は、そういう生活のなかでも本を読み続けていました。たとえば、米をつくときは、台の上に棚をつくり、そこに本を置いて米をつきながら読みます。畑では少しの休憩時間にも読み、夜、縄をなうときは、かたわらに本を置いて読むという具合に。文献によると、性格は「誠実、無口、素朴、礼節に厳格、清廉を尊び名誉や私欲に至極淡白、感情を顔に表さない」とのこと。

松陰の母親、瀧《たき》は、長州藩、老臣の家来の三女でした。彼女の実家の生活は比較的豊かだったので、余裕のある家庭でおおらかに育っています。

瀧が嫁入りしたのは20歳のとき。そのころの杉家の困窮状態は目も当てられないほどでしたが、瀧は杉家の「学問好き」に満足して嫁ぎました。これは、瀧が学問を積んでいたということではありません。学問に対する「興味関心」を強く持っていたということです。

杉家は大所帯でした。夫の2人の弟は他家の養子になっていましたが、結婚するまで杉家に

住んでいましたし、姑の妹が、舅《しゅうと》と1児を抱えて杉家に来ていました。姑の妹は夫を亡くしており、そのうえ病床に伏して、杉家の世話になっていたのです。そんなわけで、夫、姑《しゅうとめ》、そのあと次々と生まれた子どもたちも合わせると、杉家には常に10人前後が暮らしていました。

瀧が嫁に来たころの杉家は、無口な夫と病人の影響からか、暗い雰囲気でした。その雰囲気を明るくしたいと思ったのでしょう。瀧は、夫に「風呂を毎日たかせてほしい」と頼みました。それまで、杉家では風呂に入るのは４、５日に一度。毎日風呂に入るなんて、夫にはとてもぜいたくなことに思えました。

しかし、瀧は、家庭で体と精神の疲労を癒やすいちばんよい方法は入浴であり、風呂が病人にとってどんなによいかを説明して、夫を説き伏せます。当時風呂をたくというのはたいへんな重労働でしたが、それは瀧が引き受けました。しばらくすると、効果が表れました。姑の妹はみるみる元気になり、姑も毎日気持ちがいいため、たいへん喜んだとのこと。

瀧は、話し上手でユーモアのセンスもありました。頭の回転が速く、一瞬にしてみんなの心を和ませます。みんなが行き詰まったときに、瀧のユーモアでまわりがパッと明るくなる……そういうことがよくありました。瀧の明るさが、杉家に明るさを呼び込みました。杉家には笑い声が響くようになります。

瀧と夫との間には、７人の子どもが生まれました。松陰は次男。松陰の上に兄、下に４人の妹、その下に弟が生まれています。妹のうち1人は、幼くして亡くなっています。いちばん下の弟は松陰より15歳年下であり、唖者《あしゃ》（口がきけない人）でした。松陰は、常に彼のことを気にかけていました。

よく働き、姑や病人の看護にも尽くした母

松陰の母、瀧は本当によく働く人でした。愛情深く、忍耐強く、不平や泣き言を言わず、真心を持って行うのです。

子どもを7人産んでいますから、常に懐には乳児を抱え、後ろに子どもを背負って働いていました。田植えから、肥料まき、雑草取りなどの一切の農作業のほか、山で木を切り、馬の飼育も行います。家に帰れば休む間もなく、台所の仕事、風呂たき、洗濯、子どもたちの草鞋《わらじ》づくりなど、夜が更けるまで働きました。

夫が6年間城で働いていた間も、「手伝い」を雇う余裕のない杉家では、瀧が夫の分も働きました。田畑の仕事、家事、育児だけでもたいへんな労働なのですが、瀧はそのうえ、姑にも尽くし、病人であった姑の妹の看護もしています。

彼女の様子を見聞きしていた人の話によると、朝夕の食膳に必ず温かい物や、やわらかい物、ときには珍しい物などを並べて、姑への孝養《こうよう》を怠らなかったそうです。姑の妹は寝たきりだったので、その家族3人の衣類や食事の世話はもちろん、日夜病人を看護し、下の世話もしていました。その看護は実に至れり尽くせりで、姑は涙を流して感謝していたとのこと。

いくら世話をしてもらっても、「してやっている」という態度でされたら、される側はつらいものです。しかし、姑が涙を流して喜んでいたというのですから、瀧は本当に気持ちよく喜んで世話をしていたのでしょう。

そんな優しさ、働きぶりが杉家に温かいものをもたらしてくれました。

松陰の目には、そんな母の姿が焼きついて、一生離れませんでした。先に紹介した松陰の言葉、「人は、母親の正しい行いから教えを受ける」を思い出すと、まさしくこういう母の姿が、松陰たちの優しさや勤勉さを育てたのではないでしょうか。

杉家の家風と母の教え

杉家は下級武士でしたが、貧しかったため、農民と変わらない生活を長く続けていました。誠実に働くことを誇りに思っていた父親は、幼い松陰たちにも農作業の手伝いをさせます。

杉家では、農作業の田畑が「勉強の場」にもなっていました。働きながら勉強するのです。父が詩を吟《ぎん》ずると、松陰と兄が声を合わせて復唱します。漢籍を声に出して読んだり、少しの休憩時間には父が歴史や軍記物語を聞かせたりすることもありました。子どもたちに勉強を教えるときの父は、普段より厳しかったとのこと。

「読書を愛好すること」と、「労をいとわずに額に汗して働くこと」は、杉家の伝統的な家風でした。のちに松陰は、松下村塾で「読書」を奨励《しょうれい》し、「労作」を重視しましたが、松陰自身がそうやって育てられていたのです。

前にも書きましたが、松陰の母は、杉家の「学問好き」を好んで嫁いできた人でした。嫁いだあとは、子どもたちが学問するのを見聞きして自然に経書《けいしょ》などを覚え、漢詩も記憶し、詩を愛しました。

そして、忙しい日々のなかでも、夜になると子どもたちを膝元に寄せて、名将の伝記などを聞かせていました。

本を読んでもらったり、話を聞かせてもらったりすることで、子どものIQ（知能指数）や、EQ（心の知能、感情知能指数）が驚くほど伸びるといわれています。松陰の母親がそのことを意識していたかどうかはわかりませんが、毎日のように話を聞かせていましたから、杉家の

子どもたちの能力を伸ばし、豊かな心を育んだ一因となったことでしょう。

幼いころから、学問をするときは父親にも叔父にも厳しくされた松陰ですから、このひとときは、ほっとできる幸せな時間だったに違いありません。毎晩のように母の膝元で安心できる時間があったことで、心のバランスがとれていたのかもしれません。

松陰、吉田家を継ぐ

松陰の父には2人の弟がいましたが、1人は吉田家の養子となり（吉田《よしだ》大助《だいすけ》）、もう1人は玉木家の養子となっていました（玉木《たまき》文之進《ぶんのしん》）。

吉田家は、「山鹿流兵学《やまがりゅうへいがく》」を代々伝えている家。毛利藩の藩校で、藩主や藩士たちに山鹿流の兵学を教えていました。吉田大助に子どもができなかったため、松陰が、4歳で吉田家の養子となります。松陰が養子になった翌年、大助が亡くなってしまったため、松陰は5歳という若さで吉田家を継ぐことになりました（吉田家を継ぎましたが、松陰は杉家にて、実父母のもとで育っています）。

松陰に「山鹿流兵学」を教えたのは、もう1人の叔父、玉木文之進でした。

玉木叔父の教えは実に厳しいものでした。その厳しさは、松陰の母が見ていられないほどだったとか。

たとえば、学んでいる最中に、額にとまった蚊を追い払うと殴られます。本を持つ手が下がっても殴られます。松陰は、庭先の崖から突き落とされて、脳震盪《のうしんとう》を起こし、失神したこともありました。玉木叔父は言います。「兵学師範である吉田家の跡を継ぎ、藩に奉仕する力を養成しなくてはならないのに、蚊に気をとられてよそ見をするとは何事か！　武士たるもの、戦のときに国（藩）を守って命を投げ出すもの。疲れた、痒《かゆ》い、痛いなどに耐えられず、どうして命が捨てられようか！」と。

始終そういう具合なので、松陰の頭には、こぶが絶えませんでした。しかし、松陰は倒れてもすぐに姿勢を正し、厳格な指導のもとで学び続けました。

松陰が吉田家を継いだのは5歳のときです。そんな幼い子どもが、厳しいスパルタ教育に耐え続けられたのはなぜでしょう。

理由のひとつは、吉田家の当主として、将来「山鹿流兵学」の師範にならねばならないという自覚があったことでしょう。

そして、「母親の行い」が子どもを感化するという松陰の言葉から考えると、どんなに過酷な状況でも、決して泣き言を言わずに懸命に働いている母親の姿を、幼いころから見て育ってきたということも影響しているように思えます。松陰は、母親の姿から、「自分が置かれた状況を受け入れてやり抜く」ということを学んだのでしょう。

玉木叔父の厳しい教育を受けた松陰は、9歳になると藩校で学生たちに教え始めました。10歳で、藩主の前で講義をするまでになります。松陰の講義は、藩主が「この素晴らしい少年の師は誰か?」と驚いて聞くほど素晴らしかったとのこと。松陰は18歳で独立して師範になっています。

全国見聞の旅へ

松陰は、「学問は部屋で本を読んでいるだけではダメだ。実際に動いて、自分の目で今の状況を見ることが大事」と考えていました。20歳を過ぎたころから、長崎や江戸に行って視察したり、著名な人たちに会って学びを得たりし始めます。西洋の船や大砲を見て、海軍の強さを目の当たりにした松陰は、日本の沿岸の防備がどのようになっているか、諸国を視察したいと願っていました。

そんなある日、藩から松陰に「10年間の諸国遊歴」の許しが出ます。日本全国へ見聞の旅に出かけることができるのです。願ってもないことでした。

しかし、旅には費用が必要となります。

このとき、母親が松陰に旅費を手渡してくれました。驚いたのは松陰です。貧しい杉家にそんな余裕があるとは思えません。聞くと、それは、松陰の志を理解している両親が、万が一の備えにと、貧しい暮らしのなかから少しずつ節約して貯めたお金とのこと。松陰は感激し、涙があふれたといいます。こうして松陰は、全国をめぐる旅に出発したのです。

獄中にいても温かい家族愛に包まれていた松陰

松陰は、「野山獄」に2回投獄されています。その経緯を簡単に説明しましょう。

江戸時代の末、ペリー率いる黒船艦隊が日本に来て開国を要求するという、日本史上でも指折りの大事件が起きました。当時、幕府の許可なく外国へ行くことは、「国禁」の大罪。松陰は、それを承知のうえで、一刻も早く西洋の知識を吸収し、列強大国と対等な関係をつくらなければならないと考え、海外の情報収集のために「海外渡航」を企《くわだ》てたのです。しかし、失敗。松陰は自首し、「密航」の罪で投獄されます。23歳半のときでした。

江戸の獄舎に半年投ぜられたあと、故郷である萩の「野山獄」に移され、そこで1年2カ月過ごします。その後自宅謹慎処分となり、杉家の邸内で講義を始めました。それが、やがて

「松下村塾」となり、多くの人を輩出することになります。

２回目の投獄は、28歳のとき。幕府のやり方に異議を唱えた松陰が、「危険人物」とマークされてしまったためでした。

松陰が「野山獄」に投ぜられていた間、杉家では母親が中心になって、さまざまな物を差し入れています。

兄は、本の好きな弟を思って、本を借り入れて届けました。野山獄では、松陰が１年間に５１２冊（月平均で40冊以上）も本を読んだ記録が残っています。これだけの本を借り入れるために、兄はあちこち奔走《ほんそう》しました。

獄は非常に不衛生なところでした。着物には垢《あか》やシラミがついてしまいます。母親は早めに松陰の着物を洗って、こまめに長男に届けさせていました。牢獄は湿気が強いため、湿気を防ぐための「渋紙」も届けています。これらは、松陰の牢獄生活の不愉快さを少しでも取り除き、心地よく健康的にさせたいという母の心遣いでした。

正月の餅《もち》、漬物、もろみ、味噌、魚肉など、食べ物も届けています。漬物やもろみは、松陰の好みに合うように苦心してととのえていました。これらは、正月を牢獄で迎えなければならない松陰を思って届けられた母からの心づくしの品々でした。

養母の養家《ようか》からも、正月のご馳走《ちそう》が運ばれ、松陰の父の妹の婚家からも、餅がたくさん届けられています。母親の誕生日には、兄がご馳走を牢獄に運んでいます。松陰は涙を流して喜びました。

家族と離れてひとり牢獄にいても、松陰は温かい家庭愛に包まれていました。松陰が牢獄に投ぜられても、杉家の一族は一貫して、松陰の「正義」を信じて疑わず、一家をあげて応援し、励ましていました。

松陰が牢獄で心おだやかに読書をしたり人々に講義できたりしたのは、もちろん松陰自身の素晴らしさによるところが大きいのでしょうが、どんなことがあっても、動揺しないで優しい愛を届け続けてくれた家族や一族の存在も影響しているように思えます。

絶食中の松陰に届けられた母の愛

松陰は、野山獄で「絶食」をしたことがありました。

その絶食は、「自分がしてきたすべての行動」や「自分自身の存在」が誠であるかどうかを、命をかけて問うという決意からでした。もし、自分の道が誠であれば生きるであろうし、誠でなければ死ぬであろう、と（これは、絶望の淵で行ったものでした。今こそ藩が立ち上がる大切なときであるのに、そのことを同志に伝えても理解されず、松陰は自分の存在を否定された

という絶望と孤独のなかにいました)。

「松陰絶食」の知らせを受けて、松陰の父母、玉木叔父、門下生多数が杉家に集まって協議をしました。そして、松陰に手紙を送ります。

玉木叔父からの手紙は、叱責でした。「そういうことをするのは大きな間違いである。恩義ある父母へ歎《なげ》きをかけることになる。そうなれば大罪人と同じである。また獄中で餓死すれば、大義において何の益があるのか」と。

父親からの手紙は、「叔父の諭しにしたがって、母の送った食べ物を食べよ」でした。

母親から届いた手紙には次のように書いてありました。

「一筆申し上げます。そなたはどう暮らしておられますか。先日は断食のことを薄々耳にし、余りにも心配なので申し上げます。昨日より食事をお断ちということを聞いて驚いています。万一そのために死ぬ、ということがあれば第一の不孝、まことに口惜しい次第です。母も最近は病気がちで弱っており、このままでは長生きも難しく、たとえ野山の獄中に居ても、無事でさえあれば自分にとって大きな力になりますので短慮《たんりょ》をやめて長生きをしてくれる事を祈ります。この品をととのえて送りましたので母に対し(母の顔を立てて)、是非食べてください。幾重にもお願いします。心を改めてください。かえすがえすも祈ります」

母親は、松陰の好物である干し柿を手紙に添えました。これは、杉家の柿で母親自身がつくったものでした。

一度決めたら、テコでも動かない松陰。絶食の決意も固かったに違いありません。おそらく誰から何と言われても、決意を曲げるつもりはなかったと思われます。

しかし、松陰は母からの手紙を読んで、絶食の決意をひるがえし、送られた手づくりの干し柿と水を口にしました。

母の手紙の内容が叱責であったなら、おそらく松陰は食べ物を口にしなかったでしょう。自分の行動を叱責したり、諭したりする叔父や父親からの手紙を読んでも、心は動きませんでしたから……。

しかし、母からの手紙は、叱責ではなく「あなたに生きていてほしい」という、心の奥底からの叫びでした。母の深い愛は、松陰の絶食を思いとどまらせただけではなく、絶望と孤独のなかにいた松陰の心に光をともしてくれたような気がします。

これは、松陰が大人になってからのエピソードですが、「私の思い」を伝えることは、相手が子どもであれば、なおさら大切です。

厳しく叱責された子どもが、叱られた意味を「理解」し、「納得」して行動をあらためることはそうそうないでしょう。たいていは、仕方なく言われたとおりにするか、反発するかです。どちらもあまり幸せではありません。

幼いころからそういうことが繰り返されると、相手の心情をくんだり、自分の意思で「こうしよう」と決めて行動できる人になりにくい。

しかし、松陰の母のように、「あなたにそうしてほしい本当の理由」……つまり、本音の部分を、（おだやかな口調で）伝えられると、子どもたちはそれをキャッチできることが多い。相手の気持ちや相手が言っていることを受け取り理解し、子どもなりに次からどうしていこうかと考え始めます。自分の行動を、自分で納得して決めていく力は、生きていくうえでとても大切。

私たちは、子どもたちのそういう力を信じて、もっと「自分の思い」をぶつけてみるとよいかもしれません。

叱責しているときは、こちらも楽しくないでしょう。それならば、お互い楽しくないことはやめてしまってはどうでしょう。「叱る」のではなく、「こちらの本音を伝える」……これは子育てにおいてとても大切なことのようです。

母との約束を果たした松陰

2回目の投獄の半年後、1859（安政6）年5月末に、松陰は江戸に送られることになりました（井伊《いい》直弼《なおすけ》が行った、いわゆる「安政の大獄」です）。

その前日、松陰はひと晩だけ杉家に戻ることができました。獄吏が独自の判断で、家族や門生と決別する一夜をつくってくれたのです。

この夜、母親は風呂で松陰の背中を流しながら、「大さん（松陰のこと）、きっと無事に帰ってくださるでしょうね」と言いました。

すると松陰は、処刑されることはわかっていたのですが、力強く、「大丈夫、必ず元気に帰ってきます」と答えたそうです。

これは、あとになって松陰の妹が語った話です。

同年10月下旬、杉家では、松陰の兄と弟がコレラにかかり命が危ぶまれるような状態でした。2人の看病でたいへん疲れていた母親が、うたた寝をしていると、「お母さん。ただいま帰ってまいりました」と松陰が笑顔で帰ってきました。たいへん元気な姿だったそうです。母親が、「ああ、嬉しい」と声をかけようとすると、ふっと松陰の姿が消えて、そこで夢が覚めたのでした。

それから20日余りして、松陰が刑死した知らせが江戸から届きました。指折り数えてみると、母親が夢を見た日は、まさに松陰の刑死した10月27日（旧暦）でした。時刻もほぼ同じだったそうです。

江戸送りになる前の晩の約束「必ず帰ってきます」という言葉を思うと、このとき母が見たものは、単なる夢ではなく、本当に松陰の魂がそこに来ていたのではないかという気がします。松陰は、約束どおり元気な姿で母のところに帰ってきたのでした。

「子どもは母親の正しい行いから多くの教えを受ける」と言っていた松陰。

松陰の母親は、誰に対しても温かい心を持ち、心を込めて尽くし、喜んで働き、喜んで生きる姿を見せてくれた人でした。「国禁」を犯して投獄された息子のことを恥ずかしがったり迷惑がったりせず、「大さん（松陰）の言うこと、することは正しい」と理解し、励まし、誇りに思ってくれた人でした。ここにも、子を否定しない母親の姿が見られます。

そんな母のもとで育ったからこそ、松陰は相手が誰であろうと尊敬し愛して、一人ひとりの個性を伸ばす温かい教育者になりえたのでしょう。そして、己の信じる道を全力で生きられたのではないでしょうか。

天才の親たちの共通項

天才たちの子ども時代を調べていくうちに、映画『地球交響曲《ガイアシンフォニー》　第一番』（龍村仁監督）に出演された、植物学者の野澤重雄《のざわしげお》さんの言葉を思い出しました。

野澤さんは、たった「1粒」のごく普通のトマトの種から、遺伝子操作も特殊な肥料も一切使わずに、水耕栽培で「1万3000個」も実のなるトマトの巨木を育てた人です。

ちなみに、トマトづくりをしている知人の話によると、普通の土で育てた場合、「1粒」のトマトの種から収穫できる実の数は「25個前後」。実が小さくなることを覚悟して育てても、せいぜい「50～60個」が限度らしいですから、この違いは相当なものです。

野澤さんは、1粒の種からそれほどまでの巨木を育てるのに、「技術的には何の秘密もなく、種に大きな違いがあるわけでもない。また、難しいことでもない」と話されています。

結局大切なことは、「生長の初期段階に、トマトに、いくらでも大きくなっていいんだという情報（十分な水と栄養があるという情報）を与えること」、そして「育てている人の心」なのだそうです。トマトと心を通わせて、激励してやることも大切らしい。

野澤さんのお話によると、トマトは、生長しようとするときに栄養が十分ないと、「おやおや、この勢いで生長するとマズイことになるかもしれないぞ。少し抑えて、このくらいでやめておこう」と判断して、生長をゆるめるのだそうです。しかし、十分な水と栄養があると、安心してどんどん生長するとのこと。

これは、たいへん興味深いことだと思いました。心を通わせて激励しながら育て、生長の初期段階に、「どんどん伸びても大丈夫だよ」という情報を与える……ただそれだけで、トマトが劇的に生長するというのです。

もしかしたら、人間にも同じことがいえるのかもしれません。

「トマト」の話を、「人間」に置き換えてみます。

「生長の初期段階」とは、人間でいえば「幼いころ」。その時期に、愛情に包まれて「自分の持っている力をどんどん伸ばしていっていい」という情報を与えられ続けると、子どもは安心してどんどん自分の力を伸ばしていくことができる……ということになります。

この本で紹介した天才の親たちがやったことは、まさに、そのことでした。

天才の親たちは、素晴らしい可能性をもったトマトの種（子ども）に向かって、

「どうせ、たいしたトマトにはならないわよ（どうせ、たいした才能なんてないわよ）」とか、

「隣のトマトより大きくならなきゃダメよ（ほかの子に負けちゃダメよ）」とか、「頑張ってメロンになってね（頑張って偉い人になってね）」とは言わなかった……。かといって、子どもに無関心だったわけでもなかった……。

まず、子どもをまるごとそのまま受け入れています。弱い部分や失敗もすべてです。そしてどんなあなたでも素晴らしいし、大切なのだと伝えています。

何かができたときや、いい子にしているときだけ認められるという「条件つき」の承認や愛ではなく、どんな自分でも大切、大好きと言ってもらえる「無条件」の承認や愛を注がれたことで、子どもたちの中には「自分を大切にする心」や「自信」が育っていきました。

「自分が決して否定されない場所、どんな自分でも受け入れてもらえる場所」を持った子どもたちは、自分を責めたり背伸びをしたりすることにエネルギーを使わずにすみました。親の前で、ありのままの自分を安心してさらけ出しています。

持っているエネルギーをどこに使うかは大切なポイントです。それを自分を否定することに使わずにすむというのは、たいへんありがたいことです。

では、天才たちは、どこにエネルギーを注いだのか。

彼ら（彼女ら）は、自分が好きなこと、楽しいと感じること、夢中になることにエネルギーを注いでいます。エジソンも、ライト兄弟も、福沢諭吉も、手塚治虫も、美空ひばりも……。

天才の親たちは子どもが夢中になっていることを、十分やらせました。大人の価値観で判断してやめさせたり、ほかのことを押しつけたりしていません。

生長の初期段階のトマトに「どれだけ大きくなってもいい」という情報を与えると、トマトが驚くほど生長したように、「大丈夫。あなたはあなたのままでいいのよ。あなたの好きなこと、夢中になっていることをどんどん追求していっていいのよ」という情報を与えられた子どもたちは、持って生まれた才能をぐんぐん発揮していきました。

どうやら、〝やっていると楽しくてワクワクすること〟〝夢中になれること〟というのが、その子が持って生まれてきた才能につながっているようです。

土いじりが好きな子は、陶芸家になる才能を持っているのかもしれません。虫を追いかけることが好きな子は、素晴らしい昆虫学者になるかもしれません。いつもぼーっと何かを考えている子は、偉大な哲学者になるかもしれません。大切なことは、子どもが夢中になっていることを邪魔しないこと。

もうひとつつけ加えると、天才の親たちは、子どもが素晴らしい力を持っているということを信じていました。ほかと比較などしません。もともと素晴らしいものを持っているということが大前提です。これも、野澤さんの言葉、「トマトの1粒の種は、素晴らしく生長する力をもともと持っている」に通じています。

子どもたちは、計り知れない力を持って生まれてきているようです。それをまわりの大人が心から信じられるかどうかが大切。特に、日ごろすぐ近くにいる親や教師が、それを心から信じて子どもに伝え続けると、子どもたちの才能の扉が開くようです。

子どもをまるごと受け入れて、決して否定しない（無条件の愛・承認を注ぐ）。
子どもが夢中になっていることを十分やらせる。
あなたには素晴らしい力があるということを子どもに伝え続ける。

これが、天才たちの親に見られた共通項。嬉しいことに、心がけさえすれば、おそらく誰でもできることばかりです。こんな簡単なことで、子どもが才能を発揮して、楽しく生きていける可能性があるのだったら、試してみない手はありません。

あとがき

『天才たちの共通項～子育てしない子育て論～』（宝来社）が出版されてから15年がたちました。

あの本の企画は、食事会でたまたま小林正観さんと同じテーブルになったときに持ち上がりました。

そのころの私は、「子どもの育ち・幸せ」に興味を持ち、子育てに関する「素敵な情報・嬉しい情報」を得てワクワクしていました。「学んだことや知り得たことを生かしたいなあ。子どもたちの近くにいって応援したいなあ」と思っており、「教職に復帰しよう」と考えていました。

正観さんから「どんな仕事をされているのですか」と質問され、そんなことをあれこれ話しているうちに「天才たちがどのように育てられたのかを詳しく調べて本にできたら面白そう。子育てにおける大切なことが見えてくるのではないか」という話に発展したのです。

「学校に戻るのもいいけれど、本だったらたくさんの人に伝わるかもしれませんよ」という正観さんのお言葉に「……なるほど」。そんな流れで、本づくりがスタートしました。

天才たち（才能を発揮した人たち）のことを調べる作業は、とても楽しかったです。すべてを載せることはできませんでしたが、紹介した10人の例が、読んでくださった皆様にとって、何かのヒントになるのだとしたら、とても嬉しいです。

正観さんは「子どもは誰もが天才」と言っておられました。私は当初、「天才」とは、普通の人にはない、素晴らしい才能を持った「特別な人」のことだと思っていたので、「誰もが天才」の意味を理解できずにいました。

しかし、たくさんの人の生い立ちを調べ、まとめていくなかで「ああ、そうか!」と腑《ふ》に落ちたのです。「**天才**」とは、「**天**から授かった**才**能」。その「才能」は誰もが持って生まれてきている。そして、その「**天**から授かった**才**能」を途中で摘まれることなく存分に発揮できた人たちが「**天才**」と呼ばれているのではないか。……それが私なりの「天才」の定義となりました。

本の制作途中、正観さんは「この本で、世の中のお母さんたちが楽になりますね」と何度も言っておられました。でき上がった本を手にされ、「子育ての本質が伝わる本になりました。100年先の人たちにも読んでもらえるといいですね」と喜んでおられた姿を思い出します。

その本を、再び送り出せることを嬉しく思います。

ここでは「母親」のエピソードを中心に紹介しました。子どもにとって母親は特別な存在であり、影響が大きいのですが、これらの役目ができるのは、母親のみということではなく、「祖父母」でも「父親」でも「兄姉」でも「教師」でもいいのだと思います。坂本龍馬の場合は「姉」が、昆虫学者ファーブルの場合は「祖母」が、そういう存在だったと聞いています。
子どもの身近にいる大人が、日々の生活のなかで、子どもたちに愛情を注ぎ続け、伝え続けていけばいい、ということなのでしょう。

ここ数年間、「才能を大いに伸ばしている人」に出会うたびにしてきたことがあります。それは「どんな子ども時代を過ごされましたか？　どのように育てられましたか？」という質問。すると、才能を伸ばして、なおかつ楽しんでいる人たちの育てられ方は、「自分が大好きなことをやってきた」「そういう自分の姿を見て、身近な大人（親）が喜んで応援してくれた」など、「天才の親たち」の子育て法と共通しているところが多かったです。

……やっぱりそうなのね！　これらの法則は、昔の天才だけではなく、今を生きている人にも当てはまるのだと思えて嬉しくなりました。

「脳科学」や「量子力学」などの分野においても、「自分には才能がある。自分は素晴らしい存在」と心から思えていたら、それが現実化するし、逆に「自分なんてダメな人間」と思い込んでいたら、それも現実化してしまうことがわかってきています。「楽しんで夢中になってやっているとき」が、「才能の扉が開いているとき」なのだということも。

であるならば、親から子どもへの最高のプレゼントは「自分は素晴らしい存在。大丈夫！」と自信を持たせてあげること。そして、子どもが選んだ方向（好きなこと）を応援することだといえるような気がします。これも、ここで紹介した「天才の親たち」がしていたことです。

子どものころからそのように育ててもらえることは幸せなこと。できればそうありますように、と願います。幼いころの体験は、人生に大きく影響しますから。

しかし、わが子をそんなふうに育てられなかった（自分はそんなふうに育ててもらえなかった）という方に、希望がないわけではありません。

実は、「まえがき」で紹介されているノミの話には、続きがあります。

コップの中で跳ばなくなったノミたち。あのままでは、二度と跳ばずに死を迎えるとのことですが、『再び跳ぶ方法』が見つかっています。どうするのか――。

「そのコップの中に、元気に跳びはねるノミたちを入れる」

まわりで、何匹ものノミがぴょんぴょんと跳びはねている姿を見たノミたちは、「あ！　そうだった！　自分にも跳ぶ力があるんだった！」と思い出すのか、再び跳び始めるのだそうです（でも、跳び出すまでの時間に差があったり、全部がそうなるとは限らないとのこと）。

これは、おそらく人間にも当てはまります。幼いころ、可能性に「ふた」などされないほうがいい。しかし、万が一「ふた」をされてしまったとしても、何かのきっかけで、自分には素晴らしい力があると気づけたら、そこからでも伸びる可能性はあるということ。
吉田松陰の教育を受けた大人たちの変容ぶりが、それを物語っている気がします。
もちろん、そのような「師・大人」に出会える時期は早いほうが嬉しいのですが、気づいたところからスタートしていこうではありませんか！

子どもたちが温かい愛に包まれて「持って生まれてきたもの」を大いに発揮し、安心して楽しく生きていけることを、心から祈っています。

最後に、この本を出版する機会をくださった小林正観さんに心から感謝いたします。ＳＫＰの皆さん、宝来社さん、ぷれし～どの高島亮さん、これまで応援してくださったたくさんの方々にも感謝の気持ちでいっぱいです。今回の出版にあたって、大和書房の滝澤和恵さんにもたいへんお世話になりました。この場を借りてお礼申し上げます。ありがとうございました。
そして、この本を手に取り、読んでくださった皆様。ありがとうございました。

２０１９年４月

中村多恵子

●トーマス・エジソン

『エジソン』ニール・ボールドウィン著　椿正晴訳　三田出版会　１９９７年／『エジソンの生涯』マシュウ・ジョセフソン著　矢野徹、他訳　新潮社　１９６２年／『エジソンの生涯』ロナルド・クラーク著　小林三二訳　東京図書　１９８０年／『快人エジソン』浜田和幸著　日本経済新聞社　１９９６年／『エジソン大百科』山川正光著　オーム社　１９９７年／『天才の世界〈愛蔵版〉』湯川秀樹著　小学館　１９８２年／『エジソン』桜井信夫著　ポプラ社　１９９８年／『エジソン　光をつかまえた！』生江有二著　ブロンズ新社　１９９０年／『エジソン』光瀬龍著　講談社　１９８８年／『メンロパークの魔術師〈エジソン〉』スターリング・ノース著　藤川正信訳　学習研究社　１９７１年／『エジソン』西沢正太郎著　小学館　１９９３年／『人間にまなぼう　努力がうんだ発明の天才―エジソン』神戸淳吉著　岩崎書店　１９９３年／『大発明への発想と執念』竹内均著　ニュートンプレス　２００２年／『起業家エジソン』名和小太郎著　朝日新聞社　２００１年／『天才エジソンの秘密』ヘンリー幸田著　講談社　２００６年

●手塚治虫

『空を越えて　手塚治虫伝』今川活史著　創元社　１９９６年／『ガラスの地球を救え』手塚治虫著　光文社　１９８９年／『手塚治虫　とっておきの話』手塚治虫著　新日本出版社　１９９０年／『ぼくはマンガ家手塚治虫自伝・１』手塚治虫著　大和書房　１９７９年／『マンガの心』手塚治虫著　光文社　１９９４年／『夫・手塚治虫とともに』手塚悦子著　講談社　１９９５年／『こころにアトム』手塚るみ子　カタログハウス　１９９５年／『一億人の手塚治虫』一億人の手塚治虫編集委員会編　ＪＩＣＣ出版局　１９８９年／『手塚治虫とコナン・ドイル』水野雅士著　青弓社　２００２年／『手塚治虫』桜井哲夫著　講談社　１９９０年／『手塚治虫ロマン大宇宙』大下英治著　潮出版社　１９９５年／『手塚治虫少年の実像』泉谷迪著　人文書院　２００３年／『手塚治虫』小野耕世著　ブロンズ新社　１９８９年／『ぼくのマンガ人生』手塚治虫著　岩波書店　１９９７年／『手塚治虫全史』手塚プロダクション編集　秋田書店　１９９８年／『漫画詩人・手塚治虫』石子順著　新日本出版社　１９９１年／『子供の昭和史　少年マンガの世界Ⅰ』平凡社　１９９６年／『手塚治虫　少年まんがの世界』石子順著　童心社　２０００年

●チャールズ・チャップリン
『チャップリン　自伝』チャールズ・チャップリン著　中野好夫訳　新潮社　１９６６年／『チャップリン』デイヴィッド・ロビンソン著　宮本高晴・高田恵子訳　文藝春秋　１９９３年／『チャップリン』パム・ブラウン著　橘高弓枝訳　偕成社　１９９３年／『チャップリン―ほほえみとひとつぶの涙を―』ラジ・サクラニー著　上田まさ子訳　佑学社　１９８７年／『天才の勉強術』木原武一著　新潮社　１９９４年

●福沢諭吉
『福翁自伝』福沢諭吉著・富田正文解説　慶應通信　１９９４年／『福沢諭吉の勉強法』斉藤規著　ポプラ社　１９９１年／『福沢諭吉・大隈重信』長谷川公一・久保田庸四郎著　扶桑社　２００１年／『福沢諭吉と福翁自伝』鹿野政直編著　朝日新聞社　１９９８年／『福沢諭吉』小島直記著　講談社　１９８９年／『続　大人のための偉人伝』木原武一著　新潮社　１９９１年／『福沢諭吉』会田倉吉著　吉川弘文館　１９７４年／『福沢諭吉』ひろたまさき著　朝日新聞社　１９７６年／『福沢諭吉教育論集』山住正己編　岩波書店　１９９１年／『福沢諭吉のすゝめ』大嶋仁著　新潮社　１９９８年／『福沢諭吉』筑波常治著　国土社　１９９９年／『福沢諭吉　中津からの出発』横松宗著　朝日新聞社　１９９１年／『福沢諭吉研究』飯田鼎著　御茶の水書房　２００１年／『坂本龍馬・福沢諭吉』日本放送出版協会　１９９１年／『福沢諭吉』小泉信三著　岩波書店　１９９４年

●ライト兄弟
『ライト兄弟』大熊隆文著　フレーベル館　１９７９年／『ライト兄弟に始まる』稲垣足穂著　徳間書店　１９７０年／『10人の発明家』市場泰男著　実業之日本社　１９７２年／『ライト兄弟』ラッセル・フリードマン著　松村佐知子訳　偕成社　１９９３年／『ライト兄弟』リチャード・テームズ著　森泉亮子訳　国土社　１９９９年／『ライト兄弟』早野美智代著　ポプラ社　１９９８年／『ライトきょうだい』鶴見正夫著　チャイルド本社　１９９０年／『ライト兄弟』平見修二著　リブリオ出版　１９９４年／『ライト兄弟』富塚清著　講談社　１９８８年

●野口英世

『野口英世　第一巻　伝記』丹実編　講談社　１９７６年／『野口英世の思出』小林栄著　岩波書店　１９４１年／『復刻　野口英世』奥村鶴吉著　財団法人　野口英世記念会　１９７６年／『野口博士とその母』財団法人　野口英世記念会　１９５９年／『野口シカ物語』船木武雄著　医風館　１９６３年／『野口英世』中山茂著　朝日新聞社　１９８９年／『野口英世』神戸淳吉著　講談社　１９８７年／『野口英世伝』ガスタフ・エクスタイン著　内田清之助訳　創元社　１９５９年／『遠き落日』渡辺淳一著　角川書店　１９７９年／『野口英世　少年期』財団法人　野口英世記念会　１９５９年／『大人のための偉人伝』木原武一著　新潮社　１９８９年

●アンデルセン

『アンデルセン　生涯と作品』エリアス・ブレスドーフ著　高橋洋一訳　小学館　１９８２年／『アンデルセン自伝』大畑末吉訳　岩波書店　１９７５年／『子ども心の語り部たち』日本テレビ放送網　１９９５年／『アンデルセンの生涯』山室静著　新潮社　１９７５年／『アンデルセン研究』日本児童文学学会編　小峰書房　１９６９年／『ハンス・クリスチャン・アンデルセン』鈴木徹郎著　東京書籍　１９７９年／『アンデルセンの時代』早野勝巳著　東海大学出版会　１９９１年

●美空ひばり

『ひばり自伝―わたしと影』美空ひばり著　草思社　１９７１年／『川の流れのように』美空ひばり著　集英社　１９９０年／『イカロスの翼―美空ひばり物語―』上前淳一郎著　文藝春秋　１９７８年／『美空ひばり―時代を歌う』大下英治著　新潮社　１９８９年／『「戦後」―美空ひばりとその時代』本田靖春著　講談社　１９８７年／『ひばりとカラス』原田悠里著　読売新聞社　１９９７年／『美空ひばり』竹中労著　朝日新聞社　１９８７年／『緊急追悼グラフ　美空ひばり　華麗なる女王』読売新聞社　１９８９年／『美空ひばり』小西良太郎著　有楽出版社　１９９１年／『美空ひばり　〝歌う女王のすべて〟』文藝春秋編　文藝春秋　１９９０年

●モーツァルト（ピカソ）

『モーツァルト』ピーター・ゲイ著　高橋百合子訳　岩波書店　２００２年／『モーツァルト＝二つの顔』礒山雅著　講談社

２０００年／『わが友　モーツァルト』井上太郎著　講談社　１９８６年／『モーツァルトの生涯』海老沢敏著　白水社　１９９１年／『新モーツァルト考』海老沢敏著　日本放送出版協会　１９８７年／『モーツァルト　ちょっと耳寄りな話』海老沢敏著　日本放送出版協会　１９９２年／『モーツァルト・ノンフィクション』田中重弘著　文藝春秋　１９９１年／『アマデウス　モーツァルト点描』ハーバート・クッファーバーグ著　横山一雄訳　音楽之友社　１９８９年／『モーツァルトを科学する』アルフレッド・トマティス著　窪川英水訳　日本実業出版社　１９９４年／『モーツァルト16の扉』田辺秀樹著　小学館　１９９５年／『素顔のモーツァルト』石井宏著　中央公論社　１９８８年／『モーツァルト』高橋英郎著　講談社　１９８３年／『ピカソ　偽りの伝説』Ａ・Ｓ・ハフィントン著　高橋早苗訳　草思社　１９９１年／『ピカソ』ローランド・ペンローズ著　高階秀爾・八重樫春樹訳　新潮社　１９７８年／『パブロ・ピカソ』ジョン・ビアズリー著　渡辺真訳　同朋舎出版　１９９３年／『ピカソ』福島繁太郎著　新潮社　１９５１年／『ピカソ』吉井忠著　青木書店　１９５２年

●吉田松陰

『吉田松陰をめぐる女性たち』木俣秋水著　大和書房　１９８０年／『吉田松陰』高橋文博著　清水書院　１９９８年／『吉田松陰』古川薫著　ＰＨＰ研究所　１９９０年／『吉田松陰』福川祐司著　講談社　１９９６年／『吉田松陰を語る』奈良本辰也、他著　大和書房　１９７４年／『吉田松陰のすべて』奈良本辰也編　新人物往来社　１９８４年／『吉田松陰の母』吉川綾子著　泰山房　１９４１年／『吉田松陰　留魂録』古川薫　訳・注　講談社　２００２年／『山口県百科事典』山口県教育会編　大和書房　１９８２年／『人生の熱き指導者たち』日本テレビ放送網　１９９２年／『その時歴史が動いた』ＮＨＫ取材班編　ＫＴＣ中央出版　２００２年

●その他

『ガイア・シンフォニー間奏曲』龍村仁著　インファス　１９９５年／『心時代の夜明け』衛藤信之著　ＰＨＰ研究所　１９９８年／『産まれる前からの子育て』池川明著　学陽書房　２００６年／『想像して創造する』尾﨑里美著　カナリヤ書房　２００７年／『楽しい子育て孫育て』小林正観著　学習研究社　２０１１年／『幸も不幸もないんですよ』小林正観著　マキノ出版　２０１０年／『ありがとうの奇跡』小林正観著　ダイヤモンド社　２０１６年

小林正観（こばやし・せいかん）

1948年東京都生まれ。中央大学法学部卒。心学研究家、作家、コンセプター（基本概念提案者）、作詞家、歌手、デザイナー（ＳＫＰブランドオーナー）など幅広く活躍。学生時代から人間の潜在能力やＥＳＰ現象、超常現象に興味を持ち、旅行作家の傍ら心学などの研究を行った。「ものづくり」「人づくり」「宿づくり」「町づくり」などにもかかわった。2011年10月逝去。

主な著書に『この世の悩みがゼロになる』『楽しく上手にお金とつきあう』『悟りは３秒あればいい』『ごえんの法則』（大和書房）などがある。

現在は、正観塾師範代　高島亮さんによる「正観塾」をはじめ茶話会、読書会、合宿など全国各地で正観さん仲間の楽しく笑顔あふれる集まりを開催している。

ホームページ：http://www.skp358.com/

中村多恵子（なかむら・たえこ）

1965年岐阜県生まれ。岐阜大学教育学部卒。小学校教諭、教育関係出版社勤務を経て、独立。教育研究家。日本メンタルヘルス協会にて心理学を学び、心理カウンセラー資格を取得。Gnius 5公認、イメージトレーナー。「お産」に関する取材・研究・ドキュメンタリー映画の制作に携わり、幅広い世代に向けて上映会・講演会を開催。現在は、幼稚園・保育園・小中学校での講演（テーマは「子どもの才能を伸ばす」「親子のコミュニケーション」など）や、母親対象の「子育て講座」、親子・子ども対象の「イメージング講座」、大学での「自分らしく生きるキャリア講座」の講師として活躍中。
ホームページ：https://www.nakamurataeko.com/

子育《こそだ》てしない子育《こそだ》て　天才《てんさい》たちの共通項《きょうつうこう》

2019年6月5日　第1刷発行

著　者　小林正観《こばやしせいかん》　中村多恵子《なかむらたえこ》　共著

発行者　佐藤 靖

発行所　大和《だいわ》書房
東京都文京区関口1-33-4
電話03(3203)4511

アートディレクション　宮崎謙司（lil.inc）
デザイン　井上安彦　長谷川弘仁　清水孝行（lil.inc）

本文印刷　厚徳社
カバー印刷　歩プロセス
製本　ナショナル製本

ISBN978-4-479-78472-2

http://www.daiwashobo.co.jp